"Desde la primera
mente rico en tres aspectos. una gran comprensión de nuestra cultura
actual, sus desafíos y que hacer acerca de ellos; un excelente consejo
sobre la naturaleza y las cualidades para ser un buen mentor; y una
pasión por despertar la vocación irrepetible de cada alma cristiana.
Bellamente escrito, convincentemente personal y un tesoro para leer".

REVERENDÍSIMO CHARLES J. CHAPUT, O.F.M. CAP
Arzobispo de Filadelfia

"Este tratado fundamentalmente espiritual, fácil de leer es una
pieza sólida de investigación y, aun así, está bien empaquetado con
anécdotas motivadoras a las cuales el lector reconocerá y apreciará.
Eminentemente práctico *Irrepetible: Cultivando el llamado único
de cada persona* es para cada cristiano, especialmente el maestro,
el consejero o el director espiritual quien está seriamente tratando
de tamizar a través del pantano cultural para encontrar la vocación
'correcta' en lugar de solamente ver su llamado como un trabajo más".

REVERENDÍSIMO ROBERT BARRON
Obispo Auxiliar de la Arquidiócesis de Los Ángeles,
y Fundador del Ministerio Católico *Word on Fire*

Éste es un libro que necesitamos en este momento en la Iglesia, en
este tiempo de renovación y reforma. Burgis y Miller te ayudarán a
ver que Dios te creó por una razón, que Jesucristo te está llamando
para hacer cosas maravillosas en tu vida y que tú desempeñas una
misión única en su gran Historia de la Salvación. Le pido a Dios
que este libro encuentre una amplia audiencia y que lleve a muchas
personas a entender que todos tenemos la vocación para ser santos
y discípulos misioneros.

REVERENDÍSIMO JOSÉ H. GÓMEZ
Arzobispo de Los Angeles

"El trabajo de Luke Burgis y Joshua Miller es un nuevo enfoque bienvenido y necesario para la rica tradición del discernimiento vocacional. Rompen la idea vieja y arraigada de una decisión prefabricada que depende sólo de Dios y que requiere que uno lo resuelva como un rompecabezas. A través de la historia y la metáfora, confiando en la sabiduría de los maestros espirituales, la filosofía sólida y la teología, junto con ejemplos en la cultura pop, demuestran que cada persona tiene una vocación. Y se encuentra en la forma de una "historia": la propia historia de una persona. *Irrepetible* está escrito en un estilo atractivo que atraerá a los jóvenes corazones que están en búsqueda. También servirá a los directores vocacionales, mentores, entrenadores y todas las personas que toman en serio la posibilidad de estar equipados para acompañar a los jóvenes a hacer las preguntas correctas en su viaje de autodescubrimiento, encontrar su misión y, en última instancia, su vocación "volver al corazón de Dios". Recomiendo con entusiasmo este libro como un medio para ayudar a fomentar una nueva cultura de discernimiento vocacional".

REVERENDÍSIMO JAMES F. CHECCHIO
Ex Rector del Colegio Pontificio Norteamericano y Obispo de Metuchen, Nueva Jersey

"Luke y Joshua usan el poder de la narrativa para contar la historia de las historias: la historia de la felicidad que Jesucristo nos ha traído. En un estilo receptivo, transmiten pensamientos profundos tomados del tesoro de la fe católica. Recomiendo este libro como una guía sobre tu propio camino individual de vocación".

MONSEÑOR MARTIN SCHLAG
Director, Instituto John A. Ryan; Presidente, Alan W. Moss Cátedra para el pensamiento social católico; Profesor de Estudios Católicos y Derecho de Ética y Negocios en la Universidad de St. Thomas, Minnesota

"Este es un libro maravilloso y excepcional. Comunica bellamente la verdad de la profundidad de la persona, el "peso de la gloria" que cada persona lleva. Debe ser una lectura esencial para todos los involucrados en la catequesis. Los capítulos revelan cuidadosamente cómo podemos servir mejor a cada alma preciada, ayudando a cada persona a encontrar su valor y llamamiento único dentro de la gloriosa gran narrativa del "plan del misterio" redentor de nuestro Padre celestial en Cristo".

PETROC WILLEY, PHD
Profesor de Catequesis, Universidad Franciscana de Steubenville

"*Irrepetible* es un llamado a todos nosotros, personalmente y como Iglesia, a ser más serios acerca de las vocaciones. Los autores desafían a cada persona a descubrir su llamado de Dios y a vivirlo plenamente. ¡San Juan Pablo II estaría orgulloso!"

ANDREAS WIDMER
Emprendedor y autor de *El Papa y el CEO*

"Con *Irrepetible*, los autores Luke Burgis y Joshua Miller nos invitan al preciado papel, pero a menudo desalentador, de ayudar a quienes están a nuestro cargo a descubrir y aceptar sus propios llamados vocacionales únicos. Al profundizar más allá de los programas y reglas en una apreciación y respeto únicos por las historias de los demás, aprendemos no sólo los dones que tenemos para dar, sino también el vínculo inefable que une nuestro propósito común. Toma este libro para ayudar a otros, ¡pero prepárate para redescubrir también la bendición de tu propia historia!"

LISA M. HENDEY
Autor de *The Grace of Yes* (La Gracia del Sí)

"Comprender y promover las vocaciones personales es una de las formas más importantes de liberar el potencial para el verdadero florecimiento humano en nuestra sociedad. *Irrepetible* es un libro oportuno que describe un proceso único para descubrir la vocación personal basado en la sabiduría de la Iglesia y nos alienta a todos a embarcarnos en este viaje que nos cambia el camino".

BOB KEITH
Cofundador, The Ciocca Center de Empresarios con Principios

"Poco a poco, los cristianos serios se han dado cuenta de que todos tenemos una vocación: el llamamiento único que cada uno de nosotros recibe de Dios para jugar una parte única e irrepetible en el plan redentor de Dios. *Irrepetible* hará mucho bien acelerando la difusión de una visión enormemente importante entre un número cada vez mayor de personas. Este libro de Luke Burgis y Joshua Miller es claro, práctico y muy directo. Lo recomiendo mucho".

RUSSELL SHAW
Autor of *Personal Vocation: God Calls Everyone by Name, Catholic Laity in the Mission of the Church*, (*La vocación personal: Dios llama a todos por su nombre, los laicos católicos en la misión de la Iglesia y otras obras*)

"*Irrepetible* es una guía esencial para aquellos que buscan discernir el llamado de Dios en sus vidas y discernir la mejor manera de invocar el llamado de Dios en los demás, especialmente a los jóvenes que buscan encontrar su lugar en las intenciones de Dios. Podemos vivir mejor nuestros llamamientos cuando primero discernimos la creación irrepetible de Dios que es la belleza de cada una de nuestras vidas, y luego nos volvemos hacia los demás y los ayudamos a descubrir su increíble lugar único en los planes y caminos de Dios".

KATHLEEN A. CAHALAN
Profesor de Teología Práctica, Escuela de Teología y Seminario de la Universidad de Saint John y autor de *The Stories We Live: Finding God's Calling All Around Us*

"Joshua Miller y Luke Burgis llegan al centro de cómo ayudar a los jóvenes a encontrar su camino hacia la edad adulta en una cultura compleja y cambiante. Lleno de una visión profunda y una dirección práctica, *Irrepetible* ayudará a los que trabajan con las generaciones más jóvenes a ser unos mejores mentores".

MARK MATLOCK
Presidente de Wisdom Works y autor de varios libros incluyendo *Estudiante de primer año: La guía del estudiante universitario para desarrollar la sabiduría*

"Cuando Josh Miller era mi alumno, escribió artículos sobresalientes sobre la irrepetibilidad de cada persona humana. En este libro, él está haciendo una importante aplicación práctica de lo que aprendió: está mostrando cómo cada persona puede llegar a discernir su irrevocable vocación en la vida. Miller está tomando la filosofía personalista del aula y haciendo que sea fructífera para los jóvenes que buscan el significado de sus vidas. Él y Burgis tienen algo vital que decirles".

JOHN CROSBY, PHD
Profesor de Filosofía, Universidad Franciscana de Steubenville

"Hay pocas conversaciones más importantes que las que involucran la vocación de una persona. Tristemente, estas conversaciones son raras, incluso entre los fieles para quienes tales conversaciones deberían ser más naturales y frecuentes. *Irrepetible* de Burgis and Miller es rico en historias vocacionales y análisis culturales reflexivos que los lectores estarán ansiosos de compartir con los demás. Lo recomiendo ampliamente a cualquiera que busque facilitar conversaciones más frecuentes y mejores sobre el propósito de la vida y nuestra misión en este momento extraordinario".

TIM CLYDESDALE
Autor de *El Graduado con Propósito: Por qué las universidades deben hablar con los estudiantes sobre la vocación*

Irrepetible

Irrepetible

CULTIVANDO EL LLAMADO
ÚNICO DE CADA PERSONA

Luke Burgis & Joshua Miller, PhD

EMMAUS
ROAD
PUBLISHING

Steubenville, OH

Emmaus Road Publishing 1468 Parkview Circle
Steubenville, Ohio 43952

Biblioteca del Congreso Catalogación en la publicación de datos
ISBN:
978-1-949013-14-6
Imagen de portada: © charobnica / shutterstock.com

Diseño de portada y diseño de Lauren Thomas
Traducción: Mariely Madero de Gessler

Primera edición en español, 2019
Revisión: Horacio González.

A mi padre, Lee Roger Burgis, y a mi madre Ida Pauline Burgis, quienes han conocido mi historia y me han amado desde el principio.

–Luke–

A mis padres, Arthur Frankin Miller III y Carol Koernig Miller, quienes cultivaron generosamente y continúan apoyando mi propia llamada única.

–Joshua–

"... porque Cristo se muestra en diez mil lugares,
bello en sus miembros y bello en ojos,
que no son suyos,
va hacia el Padre a través de las facciones de los
rostros de los hombres".

–GERARD MANLEY HOPKINS–

Índice General

PREFACIO

Crecer nunca ha sido fácil, y algunos lo describirían como un proceso de toda la vida. Pero si definimos el proceso de "crecer" como algo que termina cuando morimos, o si pensamos que son esos días de la adolescencia y juventud cuando el carácter es formado y se empieza a embarcar en el camino de la vida, crecer se ha vuelto mucho más difícil debido al tsunami cultural que ha barrido la cultura del mundo occidental los últimos cincuenta años más o menos.

Este tsunami puede ser descrito de muchas maneras, pero la "Cultura del Yo" resume la situación bastante bien. Lo que el padre Ricardo Juan Neuhaus solía llamar el "imperial autónomo-mí mismo" está al centro de la Cultura del Yo, y ese Mí Mismo ha sido desconectado de algunas ideas que, por milenios, han formado la civilización occidental: como la idea de que la vida es un caminar y una peregrinación, no una repetición cíclica o una cosa tras otra; la idea de que hay algunas verdades inscritas en el mundo y en nosotros que sabemos con claridad; la idea que el conocimiento de esas verdades, nos enseñan importantes cosas acerca de nosotros mismos y de nuestras obligaciones; la idea que vivir de acuerdo a esas verdades me hace feliz, me realiza personalmente y me ennoblece; y la idea de que si "Yo" y mis placeres son todo lo que aprecio, me he reducido a la misma condición que un niño de dos años, sin importar mi edad.

Irrepetible considera "crecer" mucho más seriamente que la Cultura de Yo: en realidad Luke Burgis y Joshua Miller le dicen a esa cultura: "Te veremos y te criaremos". Nosotros tomaremos la unicidad de cada persona individual mucho más seriamente que tu Cultura del Yo. Te enseñaremos desde experiencia y reflexión, que tomar a un individuo seriamente significa entender que cada uno de nosotros crece, o no, porque crecemos fuera del arenero del ensimismamiento y entramos a un mundo de la vocación más brillante, más ancha, más abierta y más emocionante —un mundo de maravilla en el cual la pregunta es: ¿Qué es lo que debería estar haciendo ahora? Lo cual está lejos de "¿Qué picazón me estoy rascando ahora?"

Existe muchísima infelicidad en el mundo con licencia-de-libertad, la cual es la gran confusión moral dentro de la Cultura del Yo, y hay un poco de esperanza que ya hay jóvenes que se están empezando a dar cuenta. A través de historias, a través de verdades que aprendemos por la revelación y la razón; a través de fábulas frutos de la experiencia de aconsejar a gente joven, *Irrepetible* puede asistir a aquellos encargados de ayudar a los jóvenes a crecer, a hacer un buen trabajo, especialmente aquellos a quienes esos jóvenes hombres y mujeres preguntan ¿Qué es lo que debo de hacer con mi vida?

Esa pregunta tiene tantas respuestas como hay seres humanos, porque cada uno es ciertamente como dice el

Salmista: "me has hecho como un prodigio, prodigio son tus obras" (Salmo 139:14). Y he aquí otra manera que Luke Burgis y Joshua Miller ofrecen un poderoso antídoto a uno de los más alarmantes y más degradantes aspectos de la Cultura del Yo. Piensa en la visión de los humanos que sale a relucir de los nuevos ateos: el universo que conocemos es un accidente cósmico, nosotros y todo lo que nos rodea somos un mero subproductos de una convergencia accidental de procesos cósmicos bioquímicos, somos simplemente polvo de estrella gelatinoso, y cuando muramos, regresaremos a la nulidad insignificante de dónde venimos.

Si eso es lo que piensas sobre ti mismo, ¿por qué no has de poner el principio del placer en el centro de tu vida? Si esto es todo lo que es ¿por qué dejar el arenero del amor propio? Si esto es todo lo que hay, ¿por qué sacrificarnos por alguien más? En una manera sencilla de entender, sin embargo, arraigada en un pensamiento muy profundo, *Irrepetible* ofrece una alternativa a esta visión degradante de la naturaleza humana y de sus posibilidades, y por eso desencarna, para este confuso momento en nuestra cultura, lo que significa crecer en una "manera más excelente" que San Pablo propuso a esos irascibles Corintios hace dos mil años.

Como biógrafo, frecuentemente me preguntan porqué San Juan Pablo II era ese imán tan fuerte para los jóvenes. Mi respuesta constante es que él era una figura irresistible porque él dijo la verdad y retaba a la juventud a vivir en la verdad. Él no evadía la verdad, él no se rebajaba. Él sabía que todos hemos fracasado, pero él también sabía que un fracaso no es razón para que los jóvenes bajen la barra de la expectativa o rebajen sus estándares. Sobre todo, él sabía por su propia experiencia como capellán de universidad que la gente joven quieren vivir vidas de heroísmo, vidas que cuentean. Al igual que Luke Burgis y Joshua Miller, y ese conocimiento está impregnado e informado en este libro. La civilización misma depende de una gran cantidad de hombres y mujeres que vivan vocacionalmente – que vivan por otros porque viven de acuerdo a una llamada de nobleza y excelencia que resuena en cada corazón de los seres humanos. *Irrepetible* ayuda a diseñar un camino hacia un mejor futuro que el que propone la Cultura del Yo, y lo hace una vida a la vez.

—GEORGE WEIGEL
Socio Distinguido y Titular de la Catédra William E. Simon
de Estudios Católicos, Etica y Centro de Política Publica

AGRADECIMIENTOS

Luke Burgis

Este libro es el fruto de muchos años que pasé luchando con Dios sobre mi propia vocación. Agradezco a mis padres Lee e Ida Burgis, mi abuela Verna Bartnick y mi madrina Mary Kelly, que plantaron la semilla de la fe. A muchos otros que la regaron y fertilizaron.

No podría haber realizado el camino sin el constante e incondicional apoyo del Obispo de Las Vegas, Su Excelencia Joseph A. Pepe, el padre John Assalone, el padre Paul Donlan, el padre Brendan Hurley, y Rick y Tami Gordon. Su consejo y tutoría han sido para mí el modelo para construir una cultura de vocación.

Gracias a mi amigo y socio, el Dr Joshua Miller, el cual con su amable y cariñosa atención me ha ayudado a mí y a muchos otros a entender el designio personal dado por Dios a cada uno de nosotros. El trabajo de su vida es lo que ha hecho posible este libro y, con su motivación y aliento, me permitió tomar parte en él.

Gracias especiales a Claire Alsup. Mi escrito sería

una sombra de sí misma sin su corrección quirúrgica y su política de cero tolerancia para la cursilería (lo que resta es mío). Ella también me alimentó con deliciosas comidas. Sin eso, no escrito decente hubiera sucedido.

Gracias a todos mis amigos que se han involucrado con un diálogo positivo sobre los temas de este libro y me han ayudado a aclarar mis pensamientos, especialmente David Jack, John Souder, Luke Brown and Justin Conover.

Al papa San Juan Pablo II, al cual hemos puesto bajo su protección nuestro trabajo de vocación personal y cuyo ejemplo y enseñanza hemos utilizado durante gran parte de este libro, es la inspiración que late en el título "*Irrepetible*", una palabra que ¡él mismo repitió muy frecuentemente!

Joshua Miller

A mi esposa Brooke, que ayudó de maneras incontables a llevar la carga de las responsabilidades familiares durante largos días mientras yo escribía. Mas allá de ese gran regalo, está la bendición de su maternidad que nos dió cada uno de nuestros hijos: David, Virginia, Nancy, Christopher, Joseph, Martin and Evenlyn Rose. ¡Muchas gracias amada esposa!

Agradezco también a nuestros hijos, cada uno dinámico e *irrepetible* portador de la imagen de Cristo. Es un gran privilegio ayudarlos a cultivar sus propios llamados únicos y he aprendido mucho a través del desafío y la alegría de esa tarea sagrada.

Mis padres, Arthur y Carol Miller, a quienes dedico este libro, son incansables en su apoyo generoso hacia mí y mi familia. De manera especial, agradezco a mi padre, quien durante muchos años me enseño el arte de los patrones motivacionales basados en la historia personal. Durante la redacción de este libro, mi abuelo, Arthur Franklin Miller Jr. falleció a la edad de 94 años. Su trabajo fue pionero en descubrir los fenómenos de los patrones de motivación innata dentro de las historias de logros y su búsqueda por décadas para defender esa verdad, es un legado por el cual le estaré eternamente agradecido. Descanse en paz.

La poetisa Nancy Anne Miller, viuda de mi abuelo, que siempre me enriquece con una excelente conversación, especialmente sobra la superdotación humana, y mucho más especialmente cuando lo hacemos disfrutando ¡una cerveza Anchor Steam! Ruego a Dios tener muchos años más esas conversaciones.

Mi coautor y amigo Luke Burgis, es una fuerza de la naturaleza. Sin su energía, inteligencia y empuje, yo seguiría avanzando lentamente en la etapa de borrador, Estoy profundamente agradecido por su asociación. Lo mejor de este libro es su trabajo.

Hace cinco años empecé este camino para desarrollar MCORE (Núcleo Motivacional), una evaluación automática con un diseño motivacional único, basado en el Sistema para Identificar Habilidades Motivadas SIMA ® con un grupo de colegas de diversas disciplinas: Tony Kroening, Rod Penner, Randy Zimmerman, Peter Larson, y Todd Hall, así como mi padre, Arthur Miller III. Ellos siempre creyeron que

MCORE podría ser una parte fundamental para ayudar a los jóvenes a discernir su llamado personal. Tenían razón ¡Muchas gracias caballeros!

Durante casi veinte años he tenido el privilegio de trabajar y servir a muchas finas y cultas personas en SIMA® Internacional, compañía fundada por mi abuelo en 1961. Cada uno de estos individuos me ha permitido crecer en la compresión de la persona humana y a cómo ayudarlos a florecer. Agradezco a Rob y Mark Stevenson, Steven Darter, Suz Grimes, Don Kiehl, Kim Miller, Nick Isbister, Jude Elliman, Tommy Thomas, Laura Coverstone, Bill Hendricks, Nancy Moore, Ed Poff and Ron Evans.

Cuando David Schimiesing me pidió que ayudara a desarrollar el Centro de Liderazgo en la Universidad Franciscana de Steubenville, el me dio la primera oportunidad de crear un plan de estudios sobre la vocación personal que se basa en MCORE. Muchas gracias David y también a nuestro colega del Centro de Liderazgo Ron McNamara, que es un sólido apoyo.

Un reconocimiento final va para el Dr. John Crosby, quien me enseñó la filosofía de la persona humana en la Universidad Franciscana de Steubenville. El me ayudó a entender tanto la singularidad del trabajo de mi abuelo, así como la cual podría enriquecerse a través de la tradición filosófica cristiana.

INTRODUCCION

Luke Burgis y Joshua Miller

Te pierdes, vuelves a aparecer.
De repente te das cuenta de que no tienes nada que
temer.
Estás parado solo, con nadie cerca.
Cuando una voz distante y temblorosa, incierta,
sobresalta tus oídos dormidos para escuchar
Que alguien piense que realmente te encontraron

–BOB DYLAN–
"Todo está bien, mamá (solo estoy sangrando)"

Era el 17 de mayo de 1966. Bob Dylan estaba tocando para una multitud de cerca de 2000 personas en el Free Trade Hall en Manchester, Inglaterra. Con su guitarra acústica al hombro y una armónica de madera atada en su cuello, canturreaba a través de las canciones de su nuevo álbum, Blonde on Blonde, (Rubio en Rubio) lanzado el día anterior. En "Visiones de Joanna" el cantó las palabras "el fantasma de la electricidad aúlla en los huesos de su rostro". Era una línea siniestra.

En esta gira mundial, Dylan había estado sacudiendo a

sus fans al cambiar a una guitarra eléctrica para su segundo acto, una sorprendente salida de sus raíces de música folclórica. Los fans en Manchester escucharon las noticias, pero muchos de ellos no quisieron creerlo. Dylan cerró su primer acto con "Mr. Tambourine Man" (el Señor de la Pandereta), se inclinó y se alejó del escenario. La audiencia estaba nerviosa.

Después del intermedio, Dylan se vanaglorio de nuevo. Tenía a su banda, los Hawks, con él, y una guitarra eléctrica negra Fender Startocaster del '65 con un cuello con tapa de arce colgado al hombro. El bajista Rick Danko conectó un Fender Jazz Bass a un amplificador.

El guitarrista Robbie Robindo hizo un gran estruendo en el riff de la pieza de Jazz de "Tell me Momma". El sistema de sonido en elauditorio no estaba hecho para el poder crudo de la música. Un fan, C.P. Lee dijo: "sentí como si me obligaran a volver a mi asiento, como cuando estas en un avión al despegar". Dylan elevó el volumen de su voz para igualar la intensidad de su banda.

Entre canciones, Dylan subió al escenario en silencio, sintonizando su guitarra y murmurando en su voz áspera. Rugidos de protesta estallaron en la audiencia. Los fans empezaron a pelear. Dylan continúo con determinación, tocando una tras otra las canciones de rock a altos decibeles: "Just Like Tom Thumb's Blues", "Leopard-Skin Pill- Box Hat," "One Too Many Mornings". Con cada canción, Dylan creció más determinado. Lo mismo hicieron sus fans. La música era ruidosa, pesada, mercurial y violenta.

Después de "Ballad of a Thin Man", la penúltima canción de la noche hubo un silencio nervioso, en el auditorio lleno de humo. Era un agotamiento emocional. Se sentía como si el aire hubiera sido succionado del lugar.

En eso, un admirador desilusionado en el balcón del segundo piso gritó: "¡Judas!" Todos en el auditorio lo escucharon, incluido Dylan. En grabaciones de contrabando del concierto disponibles hoy, la voz que interrumpe todavía perfora el silencio.

En la historia de los gritos, la espina "Judas" se destaca. Es la acusación de que uno es un traidor, no es fiel a sí mismo y no es fiel a sus amigos o admiradores. Lo único peor es la reprensión de Pedro" ser llamado "Satanás". Ninguno de las dos es bueno.

Dylan rasgueó su guitarra y respondió, "No te creo." Comenzó a tocar las cuerdas de su Fender. Y agregó: "¡Eres un mentiroso!". Luego Dylan dio la espalda a la multitud, y dio instrucciones a su banda para que tocaran más fuerte (utilizando un lenguaje mucho más grosero), y sobrecojió a todos con una versión de moda de "Like a Rolling Stone". Cuando cantaba "¿Cómo se siente?" sonaba como una acusación, no como una pregunta. Todo su cuerpo de retorcía y clavó su voz en su micrófono como si quisiera apretar el cuello del espectador que lo molestó.

LA HISTORIA DE HISTORIAS

Cuando Bob Dylan oyó una voz que lo llamaba "Judas", supo que no era la voz de alguien que realmente lo conocía. No era la voz de quien lo llamó desde el principio. Dylan reconoció la mentira porque sabía su propia historia. Dylan es un narrador profesional. Ganó el Premio Nobel de

Literatura en 2016 por "haber creado nuevas expresiones poéticas dentro de la tradición de la canción estadounidense".[1] Antes de contar historias, él escuchó historias, especialmente la historia de la salvación y la historia de su vida. Debido a que él hizo esto, él entendió su evolución personal, incluso cuando otros no podían entenderlo.

Dylan escuchó nuestra historia humana, que está atrapada en una comedia divina de creación, rebelión, redención y restauración. No aprendió sobre esto como un observador en tercera persona, sino como alguien atrapado en el drama. Vivir la historia le permitió darle sentido a su vida y a los acontecimientos (la Guerra Fría, la Carrera Espacial, el Movimiento por los Derechos Civiles) que se desarrollaban en el mundo cuando ya era mayor de edad porque él conocía la trama.

La escritura de Dylan revela hasta qué punto asimiló la narrativa cristiana en su vida. En sus primeros años en Greenwich Village, la Guerra Civil de los Estados Unidos le fascinó. Pero no la vio simplemente como la muerte insensata y sangrienta de 750 mil personas. Él escribió en sus memorias: "En aquellos años Estados Unidos fue puesto en la cruz, murió y resucitó". "No había nada artificial al respecto. La espantosa verdad de eso sería el patrón que todo lo abarca detrás de todo lo que escribiría".[2]

El no aprendió la horrible verdad acera de la naturaleza humana de la Guerra Civil. Lo aprendió de la Sagrada

---

[1] "Premio Nobel de Literatura 2016, Bob Dylan," https: //www.nobel-prize. org / nobel_prizes / literature / laureates / 2016 / dylan-facts.html.

[2] Bob Dylan, Crónicas (Nueva York: Simon & Schuster Paperbacks, 2005),86

Escritura y de la historia de la Iglesia. Vio la vida, la muerte y la resurrección sucediendo todo a su alrededor. Tomó seriamente su cultura y sabía de dónde venía.

Dios penetra en nuestras vidas y cambia las trayectorias en un instante. Sin embargo, Él nunca destruye la historia. Él la redime. Dylan sabía que su evolución musical era autentica porque él sabía que era lo que estaba empujando el cambio. No adoptó una "hermenéutica de la discontinuidad" que elimina el pasado. El papa Benedicto XVI habló frecuentemente sobre los peligros de esta discontinuidad hermenéutica, o modo de interpretación cuando hablaba sobre la liturgia de la Iglesia. Una hermenéutica de la "reforma", escribió, debe verse dentro de una hermenéutica de continuidad.[3] Este fue el enfoque que tomo Dylan. Él vio su vida desenvolverse como una historia continua. Él entendió su evolución como artista a lo largo de toda su vida.

Según el filósofo francés Jean-François Lyotard, la marca del posmodernismo es una "incredulidad hacia las metanarrativas", o una negativa a aceptar la historia en la que todos estamos inmersos, es como una hoja que no acepta al árbol en el que crece. Dylan, uno de los hombres más moderno, no adoptó esta incredulidad. Se enraizó en nuestra historia humana y en las historias personales de la gente que lo rodeaba, historias unidas por verdades eternas.

---

[3] Papa Benedicto XVI, DISCURSO DEL SANTO PADRE BENEDICTO XVI A LOS CARDENALES, ARZOBISPOS, OBISPOS Y PRELADOS SUPERIORES DE LA CURIA ROMANA (Jueves 22 de diciembre de 2005) disponible en: http://w2.vatican.va/content/benedict-xvi/es/speeches/2005/december/documents/hf_ben_xvi_spe_20051222_roman-curia.html

Debido a que hizo esto, pudo hacer algunas de las producciones musicales más poderosas del siglo XX.

Este libro trata de cómo podemos conocer y amar a los demás de manera auténtica al entrar en sus historias y prestar atención a su esencia única e *irrepetible*, que trae en ellas las huellas dactilares de Dios. Nos enfocamos en cómo los padres, entrenadores, educadores y otros líderes adultos ("mentores") pueden cultivar mejor las vocaciones de los jóvenes que tienen a su cuidado ("aprendices"). Cuando un aprendiz es profundamente conocido y amado, es como una planta que se vuelve hacia el sol y florece con sus rayos. A la luz de esa relación amorosa, es libre de descubrir, abrazar y vivir plenamente su vocación personal. La vida de cada persona no se puede entender en una foto instantánea, un currículum o un perfil de redes sociales. Tenemos que ingresar plenamente en las historias de cada individuo si esperamos conocerlos y amarlos como Dios lo hace. Él es el *archégos*, -el Autor – "jefe que lleva a la vida" (Hechos 3:15).

Y Dios es un autor que vale la pena leer.

ESCUCHANDO VIDAS

Bob Dylan hizo música poderosa porque estaba sintonizado a la gran sinfonía de la vida.

Cada vida es una canción. Para poder escucharla, tenemos que entrar en su ritmo y escuchar atentamente la línea de bajo y la melodía. La forma del diseño de Dios -lo que Gerard Manley Hopkins llama la esencia interna de una cosa- no se revela en una sola nota. Se revela en la fuga, en el patrón de notas que se repiten una y otra vez en el alma de una persona. Lo podemos escuchar en sus historias.

Las historias dan profundidad, textura y significado a las vidas de las personas que conocemos. Transforman a mi vecino en el departamento 2B de una abstracción a una persona de carne y hueso que fue concebida en un momento exacto, cuya madre comió sándwiches de pepinillos y mantequilla de cacahuate durante su embarazo, que se crio en Dakota del Sur, y a quien le encanta comer quesitos Mini Babybel en su departamento mientras ve en la televisión las repeticiones del show Seinfeld. Su nombre es Kate.

Pero eso son solo hechos. Me dejan ver a Kate desde afuera, pero no me permiten verla desde adentro, desde su interior, desde su naturaleza única. Para que su imagen interna salga a relucir, necesitamos profundizar. ¿Qué sucede cuando le pido a Kate que me cuente sobre un momento de su vida en que ella hizo algo bien y lo encontró profundamente satisfactorio? Ella sonríe y se mueve emocionada en su silla. "Bueno... puede que no sea la gran cosa, pero yo envasé tomates por primera vez el año pasado e hice una salsa casera para espagueti deliciosa para mi familia en Navidad. ¡A todos les encantó!.

Esto es lo que nosotros llamamos una Historia de Logros. Es un tipo particular de historia que nos proporciona una rica percepción de la esencia de una persona. Cuanto las personas cuentan este tipo de historias, batallan por encontrar las palabras adecuadas. Están tratando de describir una experiencia irrepetible e inefable que es exclusivamente personal.

Las preguntas de un curriculum vitae no entusiasman a nadie. ¿Cuáles fueron sus responsabilidades en su último trabajo? ¿Cuáles son tus tres principales fortalezas? ¿Qué tan bien trabajas en un equipo? No llegan al corazón de la persona. Cualquiera que tenga varias entrevistas puede contestar a esas preguntas con una precisión de robot.

Pero las preguntas "elogiosas" (las preguntas que las personas hacen sobre alguien que falleció) son mucho más difíciles de responder. ¿Qué les gustaba hacer? ¿De qué estaban más orgullosos? ¿Dónde encontraron la realización? En el ocaso de la vida, estas son las preguntas que realmente importan. Pero deberíamos preguntarlas antes del crepúsculo.

Escuchar Historias de logros nos ayuda a superar los estereotipos. Revela a una persona en su singularidad e irrepetibilidad. Esta singularidad no solo está arraigada en la forma en que fue creada (por ejemplo, su DNA) sino en las acciones libremente elegidas que han moldeado su vida. Sus acciones creativas, especialmente cuando traen alegría, llevan las huellas dactilares de Dios. Ayudan a revelar lo que el psicólogo James Hillman llamó "el código del alma", el diseño único del alma que es análogo a la singularidad del cuerpo de cada persona.

Todos deseamos ser profundamente conocidos. Pero ¿cuántas personas que te conocen pueden contar la historia de uno de tus logros más profundamente felices? Si eres como la mayoría de las personas, nunca te han pedido que compartas esa historia.

Nuestros hijos se merecen algo mejor. Ellos saben lo que nosotros hemos olvidado: Dios creó a cada uno de ellos con un diseño único e *irrepetible* y vio que era bueno. Depende de nosotros ayudarlos a descubrir, abrazar y vivir plenamente para que puedan lograr el fin para el cual fueron creados.

Podemos hacerlo al escuchar atentamente, haciendo buenas preguntas y entrando en sus historias con la intención de ver su forma única, de ver el patrón del diseño de Dios. En los siguientes capítulos, compartiremos nuestros veinticinco años de experiencia combinada, en los cuales hemos utilizado un proceso guiado por historias que ayuda a los padres, maestros, entrenadores y pastores a adentrarse profundamente en la vida de los demás para ayudarlos a descubrir el diseño con el que fueron creados y finalmente para descubrir su vocación. Para crear una "cultura de vocación", tenemos que crear primero una cultura de encuentro, de conocer verdaderamente unos y a otros.

EL CAMINO DE CADA PERSONA

En su poema "El Camino No Tomado", Robert Frost escribe: "Dos caminos se bifurcaban en un bosque, y yo tomé el menos transitado, y eso marcó la diferencia".

En el mundo de hoy, hay miles de voces que nos dicen qué camino tomar. Cada semana hay una nueva voz que proclama el "camino" hacia adelante: un nuevo programa, dos caminos, tres claves, cinco principios olvidados o siete cosas. Si pudiéramos simplemente seguir el camino correcto, marcaría la diferencia.

Pero nuestro viaje es más épico que eso. No es un paseo por el bosque. Es *La Odisea*.

Las formas en que tenemos que viajar son más amplias, más largas, más altas y más profundas de lo que podemos imaginar. Según San Juan Pablo II, hay 7,484,325,476 formas, esa es la cantidad total de personas en el mundo al

IRREPETIBLE

momento de escribir este libro.⁴

El Papa escribió en su primera encíclica que cada persona humana es la "forma primaria y fundamental para la Iglesia".⁵ El camino a seguir no consiste en seguir programas y métodos. El camino a seguir son las personas. No podemos saber la verdad acerca de alguien sin conocer su historia. La verdad tiene una historia porque la Verdad es una persona, Jesús de Nazaret, y cada persona tiene una historia. Si queremos saber la verdad sobre cualquier persona, debemos conocer su historia. "Lo que está en cuestión aquí", escribió San Juan Pablo II, "es el hombre en toda su verdad, en toda su magnitud". No estamos tratando con el hombre abstracto, sino con el hombre real, concreto e histórico "(RH 13).

No nos unimos a Cristo de una manera abstracta.

La unión ocurre en las circunstancias reales, concretas e históricas de la vida: al cuidar a un bebé llorando en la cuna, la inoportuna llamada telefónica de un amigo, y el sacrificio de una cerveza no bebida porque teníamos que escribir un documento legal que se tiene que presentar al día siguiente.

La naturaleza de la unión cambia con las estaciones de la vida. Un hombre que sufre una enfermedad debilitante está unido a Cristo en la Cruz. En el día de su boda, se unió

---

⁴ Oficina del Censo de los Estados Unidos, 2016. Si incluimos a los no nacidos (aproximadamente 200 millones), el total está más cerca de 7.684.325.476.

⁵ Papa San Juan Pablo II, Sobre el Redentor del Hombre Redemptor Hominis (4 de marzo de 1979), n. 14, disponible en http://w2.vatican.va/content/john-paul-ii/es/encyclicals/documents/hf_jp-ii_enc_04031979_redemptor-hominis.html (en adelante citado en el texto como RH).

a Cristo en Caná en la celebración y en el gozo de la fiesta. La redención tampoco es un asunto abstracto. La redención para una madre que ha perdido a su hijo no es una redención general. Es para ella, el ser capaz de sostener a su hijo una vez más en el reino de los cielos. Todo su yo es redimido, con toda su historia personal.

Thomas Merton escribe sobre esto en su libro *Nuevas semillas de contemplación*:

> El objeto de la salvación es aquello que es único, irremplazable, incomunicable, —aquello que soy yo solamente. Este verdadero ser interior debe dibujarse como una joya del fondo del mar, rescatado de la confusión, de la indiferencia, de la inmersión en lo común, lo indescriptible, lo trivial, lo miserable, lo sutil.[6]

¿Cómo podemos caminar por el camino de cada persona cuando hay siete mil quinientos millones de personas en el planeta? Por nuestra cuenta, no podemos. Solo podemos hacerlo como Iglesia. Porque nosotros somos un Cuerpo en Cristo, un encuentro con una persona es un encuentro con Cristo, por quien todas las cosas fueron creadas. El amor de Cristo tiene 7,484,325,476 formas de expresión *irrepetibles* en la tierra en este momento.

Cada camino termina en el misterio de Dios.

---

[6] Thomas Merton, New Seeds of Contemplation (Nueva York: New Directions Publishing, 2007), 38

AMOR *IRREPETIBLE*

Toda vocación es un llamado al amor en una manera única e irrepetible. Entonces, cultivar la vocación de una persona, es ayudarla a abrazar completa y auténticamente la manera en la que está llamada a amar: su manera personal de recibir y dar amor, de unirse a Cristo y de entregarse a la gracia. Al llegar a ser quien es, se vuelve capaz de amar a Dios y al prójimo con cada fibra de su ser.

Cultivar las vocaciones requiere un amor profundamente paciente, amable y gentil como el amor de Cristo que San Pablo habla de él en su Primera Carta a los Corintios[7]. Es fácil entregarle a un hombre una biblia; es más difícil entrar en su vida y acompañarlo. A veces, instruir a una persona en la fe puede ser solamente para nuestra propia realización. Pero estar con esa persona en la brecha mientras lidia con las realidades de la fe en Jesucristo, implica un sacrificio, que incluye abandonar nuestras propias ideas acerca de quién es él y rendirnos a las ideas de Dios.

Fyodor Dostoievski, en su libro, *The Brothers Karamazov*, Fyodor Karamazov observa: "Cuanto más amo a la humanidad en general, menos amo al hombre en particular... Siempre ha sucedido que en cuanto más odio a los hombres individualmente, más amo a la humanidad". Fyodor está motivado únicamente por su propio éxito. Apenas puede imaginarse que tenga el algún papel que desempeñar en el éxito de los demás.

---

[7] 1 Corintios 13:4-7: "La caridad es paciente, es amable; la caridad no es envidiosa, no es jactanciosa, no se engríe; no se irrita; no toma en cuenta el mal; no se alegra de la injusticia; se alegra con la verdad. Todo lo excusa. Todo lo cree. Todo lo espera. Todo lo soporta".

Jesús toma un enfoque radicalmente diferente. En el Evangelio de Juan, una mujer samaritana va a un pozo ancestral para extraer agua. Ella llega y encuentra a nuestro Señor: "Jesús, como se había fatigado del camino, estaba sentado junto al pozo. Era alrededor de mediodía». (Juan 4: 6). Él está sediento. En Su humanidad, Él está sediento de agua. En Su divinidad, Él tiene sed del alma y de la vida de la mujer.

Jesús le pide a la mujer samaritana que le dé de beber, lo que la confunde. ¿Cómo puede Él, un judío, pedirle a una mujer samaritana algo que beber? Los judíos no se asociaban con los samaritanos. Jesús luego cambia la conversación de Su sed a la de ella. Él le dice a la mujer que es ella quien debería pedirle un trago de agua. "Jesús le respondió: 'Todo el que beba de esta agua volverá a tener sed; pero el que beba del agua que yo le dé, no tendrá sed jamás, sino que el agua que yo le dé se convertirá en fuente de agua que brota para la vida eterna'" (Juan 4: 13-14).

"Señor, dame de esa agua, para que no tenga más sed y no tenga que venir aquí a sacarla" (Juan 4:15), dice ella. La mujer samaritana estaba atrapada en un ciclo de uso y abuso. Es por lo que tuvo que volver al pozo para llenar su cántaro. El cántaro es su dependencia. No importa cuántas veces ella fue al pozo, nunca estaría satisfecha. Aprendemos esto cuando Jesús revela que conoce su historia: «porque has tenido cinco maridos, y el que ahora tienes no es marido tuyo» (Juan 4:18).

No sabemos que más pasó en el pozo esa tarde. Podemos imaginar que Jesús, como lo hizo con tantos otros, la miró con amor. Fue a su encuentro donde ella estaba. Él entró en su vida con la empatía divina que caracterizó toda su misión.

Luego San Juan nos cuenta lo que le sucedió a esta mujer: ella dejó su cántaro atrás y se fue a la ciudad para contarle a todos acerca de Jesús.

La mujer llegó al pozo en busca de satisfacción que no duraría. Ella se fue con una vocación.

El Señor es nuestro modelo. Él nos muestra que a veces tenemos que darles a las personas lo que creen que quieren; para tener el derecho de darles lo que nosotros sabemos ellos necesitan. El tipo de amor apasionado que busca la autorrealización – lo que los griegos llamaron *eros*—no debería acabar con *eros*. Es nuestro trabajo de cultivarlo y transformarlo en el tipo de amor que busca satisfacer a los demás, lo que el Nuevo Testamento llama *ágape*. Esta es la forma del amor peculiarmente cristiano. La base de ambas formas de amor es la realización personal. En el primer caso, uno se está realizando personalmente. En el otro caso, está buscando la realización de las otras personas. En el amor auténtico, ellos coexisten. Juntos, permiten que la alegría de las personas que se aman sea completa.

Los jóvenes se paran frente a nosotros con cántaros en la mano, están esperando que alguien entre en sus vidas y despierte ese tipo de alegría que los haga abandonar sus cántaros. C.S. Lewis resumió nuestra responsabilidad en su sermón *El Peso de la gloria*: "La carga, el peso o el agobio de la gloria de mi vecino deben tenderse sobre mi espalda, una carga tan pesada que solo la humildad puede soportarla".[8]

---

[8] C. S. Lewis, *The Weight of Glory (El Peso de la Gloria)* (New York: Haper Collins, 2001), 45.

Nuestro trabajo es sagrado porque el peso que debemos cargar no es un cántaro, sino la gloria. En la antigua mente judía la gloria es algo sólido, concreto y pesado. El clima no es glorioso. Una roca es. Y la gloria de Dios es lo más pesado de todo.

Este libro se trata sobre la gloria de nuestro prójimo, de su manera única e *irrepetible* de glorificar a Dios. Es nuestra responsabilidad como cristianos poner la gloria de nuestro prójimo sobre nuestras espaldas, ayudándolo a descubrir, abrazar y vivir su vocación única y personal para que pueda escuchar y responder a la singular Palabra, el *Logos*, que lo trajo a la existencia.

16

1

CONOCIENDO NUESTRA CULTURA

Luke Burgis

"El Evangelio vive siempre en diálogo con la cultura,
porque la Palabra eterna nunca deja de estar presente
en la Iglesia y en la humanidad. Si la Iglesia se aleja de
la cultura, el Evangelio queda silenciado".

—PAPA JUAN PABLO II—

DAVID FOSTER WALLACE cuenta la historia de dos peces jóvenes que están nadando y de pronto pasan a un pez viejo nadando en sentido contrario, el pez viejo los saluda con la cabeza y les dice: "Buenos días chicos, ¿cómo está el agua? Los dos peces jóvenes siguen nadando un rato hasta que finalmente uno de ellos mira al otro y le pregunta: ¿qué demonios es el agua?".

El objetivo de la historia es que las realidades más inmediatas, omnipresentes e importantes a menudo son las más difíciles de ver. Somos el pez joven. En lugar de preguntar ¿cómo está el agua? Debemos de empezar con una pregunta más básica: "¿qué es el agua?". En otras palabras, ¿en qué realidad estamos inmersos?

La escritora del sur de los Estados Unidos Flannery O'Connor, una observadora muy astuta de la cultura dijo una vez: "Si vives hoy, respiras el nihilismo. Dentro o fuera de la Iglesia, es el gas que se respira". Eso fue en la década de 1950. ¿Qué tal hoy? ¿Qué estamos respirando (o bebiendo)? ¿Cuándo los niños quieren saber cómo nombrar algo, lo señalan. "¿Qué es esto?" Preguntan. "Esto" es una palabra demostrativa. La usamos cuando algo está tan cerca de nosotros que podemos tomarlo en nuestras manos, señalarlo o demostrar su presencia. Es una palabra clave en la institución de la Eucaristía ("Esto es mi cuerpo"), porque señala a una realidad presente: el Cuerpo y la Sangre de Jesús.

Sin embargo, es mucho más difícil cuando estamos inmersos *en* algo. No hay un objeto distinto para señalar. "Esto" impregna todos los aspectos de nuestra vida, en la medida en que quizás ni siquiera lo pensemos.

Mira a tu alrededor. Pon tu dedo en el aire. Señala el aire que respiras, la información que consumes y el sabor de la vida en tu lengua. Esto es. Esta es nuestra agua.

MODERNIDAD LIQUIDA

"La cultura de la modernidad líquida no tiene población para iluminar y ennoblecer; sin embargo, tiene clientes para seducir".

–ZYGMUNT BAUMAN–

La Cultura en el mundo de la modernidad líquida

Según el sociólogo Zygmunt Bauman, estamos viviendo en una era de "modernidad líquida". Todo es fluido, desde la identidad hasta la verdad. Hay angustia e incertidumbre sobre el futuro. A medianoche podríamos quedar sin trabajo, sin relación con nuestra pareja o sin batería en nuestro celular. En este océano de incertidumbre, ¿a qué podemos aferrarnos?

En su *Introducción al cristianismo,*[1] el Cardenal J. Ratzinger (después papa Benedicto XVI) compara nuestra situación con la del personaje principal en la obra *"El Zapato de Raso"* de Paul Claudel. Los piratas saquean el barco de un misionero jesuita mundano y lo atan al mástil de su barco hundiéndose. La obra comienza con el misionero flotando sobre un pequeño trozo de madera sobre las embravecidas aguas del océano: "Sujeto a la cruz, con la cruz sujeta a la nada, flotando sobre el abismo", escribe Ratzinger.

En la modernidad líquida, la vocación personal es la cruz a la que cada persona está sujeta. Es la forma en que cada persona echa raíces en la eternidad, uniéndose a la Cruz de Cristo, que está plantada firmemente en el cielo.

La cultura se desarrolla en un terreno sólido donde las personas pueden echar raíces. (La palabra "cultura" proviene de la raíz *cultus,* que originalmente significaba cuidar o cultivar el suelo). Puede ahogarse en demasiada agua.

Mientras tanto, las aguas están embravecidas. Si no entendemos las corrientes, corremos el riesgo de quedar atrapados en la resaca.

---

[1] Cardenal Joseph Ratzinger, *Introducción al cristianismo* (San Francisco: Ignatius Press, 1990), 18-19.

Hay tres corrientes muy fuertes que hacen que el trabajo de cultivar vocaciones sea un gran desafío. Estas contribuyen a la crisis de vocaciones, pero aún así, está bien. La palabra "crisis" proviene de una palabra griega, *krinein,* que implica decisión, juicio y discernimiento, todos elementos en los que se fundamenta la vocación. Así que, pues entremos en crisis. Primero, vivimos en una *cultura calculadora.* Una cultura liquida ama los números. Los números fluyen libremente y pueden convertirse en lo que queramos que sean. Mark Twain escribió: "Hay tres tipos de mentiras: mentiras, mentiras malditas y estadísticas". Sin embargo, nuestra cultura se enorgullece de la toma de decisiones objetivas a través de las estadísticas. Cae presa de la ilusión de una completa certeza.

Hace unos años, el director ejecutivo de una compañía de un billón de dólares me dijo que estaba considerando casarse, pero que tenía un problema: era un calculador. Me miró con seriedad y con una poco de tristeza, me dijo: "Si puedes demostrarme científicamente que, si me caso, seré más feliz, entonces me casaré". Todavía no se ha casado.

En segundo lugar, vivimos en una *cultura de desencarnación.* Según el filósofo Fabrice Hadjadj, es la crisis de la "madera falsa". Primero, hacemos laminado, luego madera contrachapada, luego tabla roca, luego plástico con imitación de grano de madera. Finalmente, lo colocamos en una pantalla de cristal líquido (LCD) en una MacBook Pro y tenemos un hermoso bosque en la pantalla de fondo de nuestra computadora personal. Estamos pasando por la "Venta de Gran Liquidación" de todo lo sólido: madera, carne, relaciones, familias y fe.

En tercer lugar, vivimos en una *cultura de conformidad*. El agua toma la forma del recipiente en el que está. Nuestra cultura líquida es como una bandeja de cubitos de hielo gigante que nunca se enfría. La sacudimos y el agua se derrama de un compartimiento a otro. Al carecer de solidez, las personas fluyen fácilmente hacia nuevas ciudades, ideologías e identidades.

Leo Tolstoy comenzó su novela *Anna Karenina* con la frase: "Las familias felices son todas iguales; cada familia infeliz es infeliz a su manera". Las vocaciones son lo opuesto. Todos los santos son felices de diferentes maneras: cada uno vive su vocación personal al encontrar su felicidad única en Dios. Todos los pecadores están descontentos de la misma manera: eligen no responder al llamado de Dios y viven sin lo único que los haría verdaderamente felices.

UNA CULTURA CALCULADORA

"La vida no es un problema para resolver, sino un misterio para vivir".

−GABRIEL MARCEL−
dramaturgo y filósofo

En la noche de apertura de la temporada de béisbol de 2002, los aficionados de los Atléticos de Oakland tenían grasa de tocino escurriendo de sus barbas, les encantan sus salchichas gigantes envueltas en tocino, y tenían una confianza rebosante en sus vasos de cerveza. Los Atléticos habían estado durante las tres últimas temporadas en un desgarro desconcertante. Llegaron a los play-offs cada año y llevaron a los Yankees de Nueva York al borde de la eliminación en dos ocasiones, a pesar de que los Yankees los superaron en $86 millones. Como lo expresó un comentarista deportivo: "Algo extraño [estaba] sucediendo en Oakland".

Jeremy Giambi inició el juego con un golpe sencillo en línea al jardín izquierdo del lanzador Chan Ho Park de los Rangers de Texas. Tal vez no fue un golpe espectacular digno de una ovación, pero Giambi hizo lo que mejor hicieron los Atléticos: se metieron en la base. Ese año, los Atléticos tocaron la primera base otras 2,132 veces (un porcentaje de en base de .339) y tuvieron una racha de veinte victorias consecutivas, algo que ningún equipo de la Liga Americana había hecho en la historia del béisbol.

Los Atléticos de Oakland, con problemas de liquidez financiera, tenían un excéntrico gerente general Billy Beane, quien había pasado las últimas tres temporadas armando un equipo que encontró formas valientes de ganar. Poco después de asumir el cargo en 1997, implementó un enfoque empírico para evaluar a los jugadores. Contrató a profesionales en estadística para poner "entre paréntesis" todo lo "extra" (la belleza del swing de un jugador o su comerciabilidad) y evaluar a los jugadores basándose únicamente en los números que ganan los juegos de béisbol: cosas como promedio ponderado en base (wOBA) y promedio de bateo en pelotas en juego (BABIP). El énfasis en las estadísticas era tan fuerte que Beane y su equipo sospechaban de las interacciones de las personas con los nuevos jugadores por temor a ser influenciados por medidas no objetivas.

Aunque Beane usó sabermetría* (muy efectivamente), no desarrolló ni dio nombre a este enfoque. Pero fue tan exitoso que otros equipos finalmente adoptaron el sistema, y generó todo el negocio de "análisis deportivos". En 2003, Michael Lewis escribió un best-seller sobre el auge de la sabermetría llamado *Moneyball: El Arte de Ganar un Juego Injusto*. El libro fue tan popular que eventualmente se convirtió en una película protagonizada por Brad Pitt como Billy Beane. Por lo tanto, el término *moneyball* (pelota-dinero) entró en el léxico general.

Y es así como el béisbol, el juego romántico de noches de verano lleno de cacahuetes, palomitas de maíz caramelizadas y cerveza fría, se convirtió en una aventura calculada.

Para muchas personas, la vida ya se había convertido en una aventura calculada. Parte de la conciencia estadounidense es: "Jugar las cartas que nos reparten". Muchos de los libros y blogs más populares son sobre "como piratear la vida" (consejos, trucos y atajos para aumentar la eficiencia y la felicidad). El libro de Lewis fue un éxito no solo porque es un buen narrador de cuentos, sino porque contó la misma historia que nosotros ya vivíamos: "La vida: el arte de ganar un juego injusto".

El juego de póker del discernimiento

Dios no es un jugador de póker cruel. Sin embargo, esta es la imagen que muchos jóvenes, sin saberlo, tienen de él. Él sostiene las cartas de nuestras vidas en Sus manos. Él conoce el secreto de nuestra mejor vida y verdadera felicidad, pero no nos lo dirá. Ni siquiera sabemos si tiene una buena mano o una mala juagada. Peor aún, nos podría estar blofeando o estar echando un farol.

Aquellos que no creen que tienen una vocación (o que incluso hay una realidad llamada vocación) todavía tienen que debatir con Él. Su jugador de póquer simplemente se ocupa del deseo. ¿Qué deseos llevan a la realización personal y cuáles lo conducen al sentimiento vacío? Él nunca lo dirá. Un ser humano tiene miles de deseos conflictivos y competitivos casi todos los días. Sin gracia y sin virtud, y especialmente sin una idea clara de hacia dónde va, no tiene forma de ordenarlos. Los deseos pueden engañar, y nadie es mejor en el engaño que un buen jugador de póker (especialmente uno cruel). Esta mentalidad hace que la toma de decisiones sea muy difícil, incluso cuando la elección es entre cosas buenas.

Cuando voy a un restaurante, a veces tengo ansiedad del menú. No quiero pedir carne asada si el lugar es conocido por su pescado. ¿Y cómo sé si la ensalada de marisco "especial" esta deliciosa o simplemente es una forma astuta de deshacerse del pescado viejo? Si me entregan una lista de vinos, las cosas se complican aún más. No me gusta tomar malas decisiones. ¿Cómo se supone que debo saber si el Syrah libanés está demasiado caro en relación con Super Tuscan? Después de decidir lo que quiero comer, quiero escuchar las palabras: "Buena elección".

Si yo tengo tanta ansiedad por las decisiones mundanas, ¿cuánta más ansiedad tengo sobre las cartas que tiene el Cruel Jugador de Póker? Mi vida está en sus manos. Temo escuchar que las palabras "elección incorrecta" salgan de sus labios fríos y grises antes de que él exponga su jugada y se ría.

Pero Jesús no saluda a las personas en el cielo con "Buena Elección". En la Parábola de los Talentos, el Maestro dice: "¡Bien, siervo bueno y fiel!; en lo poco has sido fiel, al frente de lo mucho te pondré; entra en el gozo de tu señor" (Mateo 25:21). El Señor no quiere engañarnos. Él es el Buen Pastor que desea nuestro bien, y Él nos guiará a ese bien si tan solo lo siguiéramos. De hecho, Él *es* lo Bueno. Es por eso qué Jesús le dice a su siervo que *entre en el gozo de tu señor* (Mateo 25:21).

Él le dice a la mujer samaritana en el pozo: "Si conocieras el don de Dios" (Juan 4:10). La vocación es un regalo de Dios que brinda alegría a quienes la reciben.

Hoy, reconocer el regalo requiere un nuevo tipo de apertura.

El Regalo que abre

Algunos regalos están destinados a ser abiertos. Otros regalos están destinados a abrirnos. ¿Cómo podemos saber la diferencia?

Hay evidencia de que nuestra cultura occidental no puede captar fácilmente lo que se le ha dado. En su libro, *El Amo y su emisario*, Iain McGilchrist muestra que ha habido una dependencia creciente en el hemisferio izquierdo del cerebro en los últimos siglos (como resultado del dualismo cartesiano, la revolución industrial, la tecnología y otros factores). Como consecuencia, vivimos una vida más calculada, relacionada con el mundo de una manera que es sospechosa de los regalos. Una vida calculada prefiere ganar, no recibir. Es el mundo de Moneyball y poker, no de recibir y dar amor, no de enamorarse.

El cerebro derecho (el "Amo") es un sistema abierto donde tomamos nuevas experiencias, viendo el todo en lugar de las partes. Es donde nos preguntamos. El cerebro izquierdo (el "Emisario") es diferente. Es un sistema cerrado que opera dentro de los límites de lo que ha recibido. Le gusta más la "certeza" que la aventura, los mapas más que la metáfora, los mecanismos más que los seres vivos. Las nuevas experiencias se vuelven a representar: el cerebro izquierdo toma información del cerebro derecho y la procesa. Organiza las experiencias en categorías, marcos y patrones

Los dos hemisferios del cerebro ven el mundo de maneras radicalmente diferentes, pero están asociación. El hemisferio derecho nos ofrece una forma de ver el mundo abierto al dinamismo de las nuevas experiencias y el cerebro izquierdo nos brinda una forma de encontrar significado y estructura en esas experiencias. A medida que el hemisferio derecho adquiere nuevos aspectos de la realidad, el cerebro izquierdo revisa constantemente sus modelos para dar sentido a lo que está recibiendo. Hay un ciclo de retroalimentación.

Pero ¿qué sucede si el cerebro izquierdo se vuelve dominante? Entonces vivimos en una sociedad donde las nuevas e inesperadas experiencias no pueden ser totalmente recibidas y nos queda tratar de entender el mundo en bits y bytes de información fragmentada sin su contexto completo. *Donum* (regalo) se convierte en *datos*.

El cerebro izquierdo es bueno para "calcular el pensamiento" y el cerebro derecho es bueno para el "pensamiento meditativo".[2] Calcular el pensamiento siempre se preocupa por cómo alcanzar su objetivo. ¿Cómo puedo ganar más

---

[2] Los dos modos de pensamiento descritos por el filósofo Martin Heidegger

juegos? ¿Cómo puedo ganar esta mano de póker? Calcula opciones. Asigna valores. Maximiza las posibilidades de ganar. El pensamiento meditativo es pensamiento paciente. No busca soluciones de inmediato. No calcula las opciones ni se proyecta en el futuro. En cambio, permanece en el presente y se hunde más profundamente en él, permitiendo que la realidad se desarrolle. Hace preguntas como: ¿Qué tipo de tiempo presente es este? ¿Por qué está aquí? ¿Cómo llegó aquí? ¿Qué esconde? ¿Qué revela? ¿Qué significa eso?

Al cerebro derecho le gusta *preguntarse-maravillarse* más que calcular. Y es solo con este hábito meditativo del ser que podemos entrar sinceramente en la historia de otra persona, incluso la nuestra.

La actitud de maravillarse es la que las personas tienen en presencia de Jesús en los Evangelios. Los griegos llamaron al objeto de esta maravilla *téras* (τέρας), que significa "algo más allá de toda expectativa".

Si la gente que vivía en el primer siglo en la Tierra Prometida esperaba algo de Dios, ciertamente no era Jesús de Nazaret. La Encarnación del Hijo de Dios no solo superó las expectativas, sino que las estrelló. Este es el estilo de Dios.

La gracia es el regalo más allá de toda expectativa. Dios elude nuestros mejores esfuerzos para envolver nuestras mentes a su alrededor y la gracia irrumpe en nuestras vidas de maneras inesperadas. En la escritura de Flannery O'Connor, la gracia nunca es un sentimiento piadoso en un reclinatorio, sino algo más parecido a un golpe inesperado en la cara (a veces literalmente).

La mente calculadora simplemente no puede experimentar nada más allá de toda expectativa. Solo puede manipular lo que ya ha recibido, ponerlo en una caja (o "categoría") y calcular qué hacer a continuación. Pero cuando consideramos la vida con un pensamiento meditativo (maravilla), encontramos que cada persona -de hecho, cada cosa- está verdaderamente más allá de toda expectativa.

UNA CULTURA DE DESENCARACIÓN

"¿Has llegado a los silos de la nieve?"

-JOB 38:22-

Wilson Bentley nació en el invierno de 1865 cuando la Guerra Civil estaba llegando a su fin, en una granja en Jericó, Vermont, el "corazón del cinturón de nieve". La naturaleza captó su imaginación desde una edad temprana. Estudió telarañas, saltamontes, orugas y cualquier cosa que pudiera tener en sus manos.

Le encantaba mostrarle a su madre sus nuevos descubrimientos. Si atrapaba una mariposa el corría a su casa con la pequeña criatura jugueteando con sus palmas. En el invierno, Willie estaba obsesionado con la nieve. ¿Qué es? ¿Qué se ve de cerca? ¿Por qué se derrite tan rápido? Cogió copos de nieve en sus manos y en su lengua, pero siempre se derretían antes de que tuviera la oportunidad de estudiarlos.

Fanny, la madre de Willie, era una maestra retirada de escuela que notó y alimentó su sensación de asombro. El día que cumplió 15 años, ella le dio un viejo microscopio que había usado en su clase. Willie estaba eufórico. Finalmente pudo estudiar todos sus pequeños descubrimientos en profundidad, especialmente los copos de nieve.

Willie pasó muchas horas en un clima bajo cero atrapando copos de nieve en una charola negra. Luego, rápidamente los colocaba bajo su microscopio. Trató de dibujarlos, pero él solo tenía unos minutos para mirarlos antes de que se derritieran, nunca tenía tiempo suficiente como para capturar el diseño completo.

La belleza y complejidad de cada cristal de nieve estaba más allá de lo que esperaba ver. Cada cristal tenía seis ramas que eran exactamente iguales, pero cada cristal parecía ser completamente diferente a cualquier otro cristal. Willie se dio cuenta de que necesitaba alguna manera de capturar los diseños únicos que veía, o de lo contrario sus descubrimientos se perderían en el mundo para siempre.

Cuando tenía quince años, Willie leyó acerca de un nuevo producto de Bausch and Lomb Optical Company que combinaba un microscopio con una cámara de fuelle. Pensó que podría ser la clave para descubrir el misterio del copo de nieve, pero costaba casi $100 dólares, que era una enorme suma de dinero a fines del siglo XIX. Durante meses, Willie les suplicó a sus padres que se lo compraran. Su padre se resistió. El instrumento costaba tanto como toda su manada de ganado. ¿Cómo podría justificar gastar tanto dinero para mirar los copos de nieve?

Su madre, sabiendo el deseo genuino de su hijo de compartir lo que había visto, intercedió en su nombre y prevaleció al convencer a su marido de que sería bueno para su hijo. Antes de fin de año, los padres de Willie hicieron los sacrificios necesarios para comprar el equipo.

Incluso con su equipo de microscopio y cámara

fotográfica de última generación, los copos de nieve eran difíciles de alcanzar. En los días más frígidos, Willie tenía solo seis o siete minutos para sacar una fotografía antes de que los copos de nieve se derritieran. Finalmente, después de cuatro años de repetidos fracasos y modificaciones en su equipo, Willie tuvo un gran éxito. En un día tormentoso en 1885, develó su primer negativo de fotografía de un copo de nieve. Finalmente pudo compartir el "milagro de la belleza" que lo había cautivado desde su juventud.

Durante los cuarenta y seis inviernos restantes de su vida, Wilson Bentley fotografió más de cinco mil cristales de nieve. Se convirtió en el trabajo de su vida. Invirtió más de $ 15,000 dólares, pero recibió menos de $ 4,000 en compensación por sus fotografías. Esto no lo molestó. El escribió: "El reconocimiento ha sido muy gratificante, pero no muy remunerativo, soy un hombre pobre, excepto en la satisfacción que obtengo de mi trabajo. En ese sentido, soy uno de los hombres más ricos del mundo. ¡No cambiaría lugares con Henry Ford o John D. Rockefeller por todos sus millones!"[3]

Wilson se convirtió en uno de los expertos en nieve más reconocidos del mundo y un pionero en el campo de la fotomicrografía, la fotografía de objetos pequeños. A lo largo de su vida, regaló cientos de fotografías como regalos e hizo presentaciones de copos de nieve para los niños de su comunidad. Hacia el final de su vida, le dio la mayoría de sus fotografías restantes y notas de estudio a universidades y fundaciones privadas.

---

[3] Duncan C. Blanchard, *The Snowflake Man: Una biografía de Wilson A. Bentley* (Granville, OH: McDonald and Woodward Publishing Company, 1998), 70.

En noviembre de 1931, Wilson compiló dos mil quinientas de sus mejores imágenes en un libro. Él, escribió:

"Bajo el microscopio, descubrí que los copos de nieve eran milagros de belleza; y parecía una pena que esta belleza no podría ser observada y apreciada por otros. Cada cristal era una obra maestra del diseño y nunca se repitió ningún diseño. Cuando un copo de nieve se derretía, ese diseño se perdía para siempre. Tanta belleza desaparecía, sin dejar ningún rastro detrás".[4]

Un mes después de que se publicó su libro, Wilson caminó seis millas a su casa durante una tormenta de nieve a la misma granja donde nació, contrajo neumonía y murió dos semanas después. Fue enterrado en el cementerio del Centro de Jericó debajo de una pequeña lápida con las sencillas palabras: "Wilson: El Hombre de copos de nieve".

Agarrando copos de nieve

La maravilla de la vocación de Wilson Bentley es que probablemente nunca pensó en la vocación en absoluto, al menos no teológicamente. Simplemente hizo lo que Annie Dillard describe en su ensayo "Vivir como Comadrejas".

Podemos vivir de la manera que queramos. Las personas toman los votos de pobreza, castidad y obediencia, incluso de silencio, por su propia elección. Lo importante es vigilar

---

[4] Blanchard, *The Snowflake Man*, 22.

tu vocación de una manera hábil y flexible, localizar el lugar más sensible y vivo y conectarte a ese pulso. Esto es ceder, no luchar. Una comadreja no "ataca" nada; una comadreja vive como debe, cediendo en todo momento a la libertad perfecta de una sola necesidad. [5]

Wilson encontró su lugar más vivo y tierno, lo agarró y nunca lo soltó. Rara vez dejaba su pequeña granja familiar en Jericó, pero su vida estaba llena de aventura. Descubrió la grandeza de Dios en un cristal de nieve y lo compartió con otros.

¿Se habría tomado Bentley el tiempo de contemplar un copo de nieve si hubiera nacido hoy? Nunca lo sabremos. Ahora los estudiantes pueden conectarse a Google Maps y ver el mundo entero con solo presionar un botón. Pueden explorar la estructura de un copo de nieve desde la comodidad de un iPad. No tienen que meter sus tobillos en la nieve hasta que los dedos de sus pies se les adormezcan.

El filósofo Michael Polanyi escribió que no es al mirar las cosas sino al *familiarizarnos con ellas* que entendemos su significado. Wilson Bentley vivió en la nieve en el cinturón de nieve de Vermont durante más de sesenta años, lo suficiente como para revelar sus secretos. ¿Cuánto tiempo estamos dispuestos a familiarizarnos con la gente que conocemos?

Aprendiendo de la naturaleza

En una tarde de invierno en 2017, fui a visitar a mi coautor,

---

[5]   Annie Dillard, *"Viviendo Como Comadrejas", Touchstone Anthology of Contemporary Creative Nonfiction: Work from 1970 to Present*, ed. Lex Williford and Michael Martone (New York: Simon & Schuster, 2007), 148–51.

Joshua, en su casa en Toronto, Ohio, cerca de la pequeña ciudad universitaria de Steubenville. Visitamos a sus amigos, Shawn y Beth Dougherty, que viven en una granja sostenible familiar en el este de Ohio.

Los Dougherty's comenzaron la granja en 1996 en un terreno que el estado de Ohio consideró "inadecuado para la agricultura". No sabían mucho sobre la agricultura sostenible en ese momento, pero sabían que ellos eran el tipo de personas que podrían disfrutar ver a los pájaros azules buscar y anidar en agujeros en los postes de las cercas, o regocijarse con todos los gusanos rojos y retorcidos en la montaña de composta.

Shawn y Beth me impresionaron con un lenguaje colorido que usan para describir las cosas. Su deseo de cultivar la tierra no fue impulsado principalmente por la sostenibilidad, el veganismo o la soberanía alimentaria. Su deseo se trataba de prestar atención a la hierba, a la textura de la piel del ternero y los desafíos del sacrificio invernal del pollo. No les pregunté, pero imaginé que les gustaría el poema de Richard Wilbur *"El amor nos llama a las cosas de este mundo"* (el título habla por sí mismo).

Un mundo abstracto y desencarnado está lleno de posibilidades ilimitadas. ¿Pero, son siempre mejores las opciones más teóricas? La población de escarabajos de frijol y gusanos de pepinos en la granja de Dougherty son cosas. Y como cosas, exigen atención.

Beth dijo: "Cuando nos comprometemos, eliminamos la necesidad de elegir entre un conjunto de posibilidades, más o menos, ilimitadas. Descubrimos que recibimos cosas como el tiempo compartido con nuestra familia y el tiempo dedicado a maravillarnos con el color de las flores silvestres de verano".

Shawn y Beth ven al mundo encarnado, con todas sus especificaciones y limitaciones, como el secreto para cultivar un sentido saludable de su propia humanidad. Al elegir vivir y criar a su familia mientras cuidan un pequeño pedazo de tierra en las colinas del este de Ohio, se enfocan poderosamente en una misión concreta que organiza sus vidas. "El poder de un río está en sus orillas", dijo Beth. "Si quitas sus bancos, el río se extiende y se convierte en un lago perezoso". Pero si mantienes los bancos firmes, dándoles forma, hay mucho poder detrás de ellos".

Lo primero que noté cuando visité la granja de Shawn y Beth fue su naturalidad, que es una virtud olvidada en nuestra era tecnológica. La naturalidad proviene de la naturaleza; no puede ser fabricada. No hubo pretensiones (a diferencia de una empresa de alimentos urbanos que recientemente me dio la bienvenida con una presentación en PowerPoint sobre su revolucionario emprendimiento "social" en la agricultura alimentaria). Beth me saludó con café.

Shawn y Beth trabajan duro, y aman lo que hacen.

Están revolucionando su pedazo de tierra.

Al cultivar el suelo, están cultivando una forma de vida.

UNA CULTURA DE CONFORMIDAD

"El mal de nuestros tiempos consiste en primer
lugar en una especie de degradación, de hecho, en
una pulverización, de la singularidad fundamental
de cada persona humana".

–KAROL WOJTYLA–

(San Juan Pablo II)

1968 carta al cardenal Henri de Lubac[6]

Un comercial de 1985 comienza con una camioneta que se detiene en una playa en un día pegajoso y húmedo de 35 grados centígrados. Altavoces aparecen desde el techo. Dentro de la camioneta, un joven peludo y con el rostro sonriente se brinca desde el asiento del conductor hasta la parte posterior, que resulta ser un estudio de grabación completamente equipado. Abre la tapa de una botella fría de Pepsi a unas pocas pulgadas de distancia de un micrófono y el sonido se amplifica a través de los altavoces.

La gente que esta acalorada en la playa, escuchan las burbujas de gas, los fuertes sorbos de soda y un largo y prolongado "Aahhhhh". Totalmente refrescante. Todos en la playa corren hacia la camioneta. Luego, el conductor - artista de la grabación de la bebida de Pepsi, se pone un sombrero y comienza a repartir botellas de Pepsi helada entre la deshidratada multitud. El comercial cierra con el

---

[6] Michael Novak, prólogo de *Karol Wojtyla: El pensamiento del hombre que se convirtió en el Papa Juan Pablo II,* por Rocco Buttiglione, trad. Paolo Guietti y Francesca Murphy (Grand Rapids, MI: Eerdmans, 1997), xi.

lema: "Pepsi: la elección de una nueva generación".

La ironía es que las personas en la playa no parecen tener ninguna opción, y Pepsi lo sabe. El comercial es uno de los primeros ejemplos de publicidad que es autoconsciente. Se burla de sí mismo.

Pero hay un truco sutil. Brad, que trabaja cincuenta horas semanales como contador y que tomó clases de mercadotecnia como estudiante en la Universidad de Wake Forest, mira el comercial desde su sillón y siente que está bromeando. Él ha trascendido a las "masas" que Pepsi dirigió en el comercial. Él no es como ellos. Él tiene opciones.

Luego va a la tienda y compra más Pepsi.

Pepsi sabe lo que todo estafador sabe: el momento en que las personas se sienten más cómodas es el momento en que son más fácilmente seducidas. Justo cuando Brad piensa que está libre de manipulación, está más abierto a la próxima camioneta de bebidas frías que se detiene. Puede estar lleno de Pepsi. O podría estar lleno de liberalismo, socialismo, populismo o algún otro tipo de *lismo* para saciar la sed.

El filósofo francés René Girard llama a esto una consecuencia del "deseo mimético" o la imitación de lo que otros desean. Comienza a una edad temprana. En una fiesta de cumpleaños, Kelly, de cinco años, toma un globo y grita: "¡Este globo es mío!"

De repente, ese globo se convierte en el globo más codiciado de la fiesta. Connor, jugando con su gran camioneta roja, ya no la encuentra interesante porque Kelly, con sus moños perfectos en sus coletas, está enamorada de su globo.

Cuando crezcan, la rivalidad mimética puede no ser

por los globos, pero perdurará. El mecanismo mimético está presente en las escuelas, restaurantes, relaciones y en todos los demás ámbitos de la vida humana. Según Girard, también está presente en lo profundo del corazón humano. No hay escape de esta condición. No hay opción de no conformidad. La pregunta es: ¿a quién o a qué conformaremos nuestros deseos?

Si no lo sabemos, Pepsi sí.

#ConformateAMi

Nuestra cultura celebra el "yo" libre y autónomo, pero tenemos una falta de diferenciación atrofiada. Desde los tomates producidos industrialmente en nuestras mesas, hasta las narrativas culturales que producen un coro de frases y opiniones políticamente correctas en los campus universitarios, una fuerza homogeneizadora está barriendo a través de nuestra sociedad. Nuestra cultura tecnocrática, producida en masa, ha resultado en un grado alarmante de igualdad.

Cuando una persona cierra lazos con la historia moral, cultural y religiosa que da forma a nuestro mundo, cambia la creatividad divina por la suya. Él quiere a Hamlet sin Shakespeare. Él quiere a Bob Dylan sin música folclórica.

En su cuento "Sonata no acompañada", Orson Scott Card imagina a un niño, Christian Haroldsen, que es un prodigio musical en una sociedad distópica dirigida por autoritarios que controlan todos los aspectos de la sociedad, incluida la vocación de cada persona. A los dos años, "su séptima serie de pruebas señaló el futuro que inevitablemente seguiría". Christian sería un creador de música.

Para no estropear su creatividad, las autoridades del gobierno lo encierran en una cabaña para que pueda hacer música verdaderamente original. Christian tiene prohibido escuchar cualquier otra música que pueda corromper su originalidad y hacer su música poco original.

Un día, sin embargo, descubre secretamente a Bach. Y a través de Bach, comienza a descubrirse a sí mismo.

Cuando los Vigilantes (las autoridades) descubren que la originalidad de Christian ha sido "corrompida", le prohibieron volver a hacer música. Y entonces intenta reprimir su irresistible e insaciable deseo de expresión musical.

Christian eventualmente toma un trabajo como distribuidor de donas y panes a las tiendas de abarrotes. Una noche después del trabajo, entra a Joe's Bar y se encuentra un piano. En ese momento, su deseo de hacer música desborda todas las fuerzas que conspiran contra él para mantenerse en silencio. Se sienta y toca el piano de una manera que asombra a Joe, el dueño del bar. El tocó el piano "como los pianos no están destinados a ser tocados; las notas malas y las notas desafinadas encajaron en la música para que sonaran bien, y los dedos de Chris, ignorando las restricciones de la escala de doce tonos, sonaron. A Joe le pareció, fenomenal".

Christian ejerció su libertad en una cultura de conformidad. Pero poco después, pagó las consecuencias. Los Vigilantes lo encontraron. Uno de ellos "sacó un cuchillo láser del bolsillo de su abrigo y le cortó los dedos y los pulgares de Christian, justo donde se enraizan en sus manos". Así es como muere una vocación.

Fuerzas de conformidad

¿Quiénes son los Vigilantes en nuestra sociedad? No nos cortan los dedos y los pulgares. Son mucho más sutiles. Podemos tener una idea de cómo los Vigilantes -las fuerzas de la conformidad- moldean nuestro mundo al observar la educación, la agricultura, la tecnología y el lenguaje.

Primero, *educación.* El sistema educativo estadounidense es un embudo, y los estudiantes que quieren sobresalir en él se ven obligados a conformarse si quieren salir al otro lado. Sir Ken Robinson, un experto en educación (y autor de la charla TED más vista de todos los tiempos), dice que "nuestro sistema educativo ha minado nuestras mentes en la forma en que minamos la tierra: para un producto en particular". El resultado ha sido un retraso en el crecimiento masivo de la creatividad. Muchos jóvenes crecen esforzándose por producir exactamente el tipo de currículum adecuado que les permita convertirse en miembros productivos de la sociedad. Se enfrentan a series de pruebas estandarizadas, entrevistas y evaluaciones para garantizar la integridad de los productos básicos que nuestro mundo cada vez más especializado está buscando.

Segundo, *agricultura.* Cuando el hombre piensa que es dueño de la naturaleza, el piensa que incluso las frutas y las verduras deben conformarse. La biodiversidad está disminuyendo rápidamente. Si un adolescente viera la variedad de tomates *Brandywine* en el jardín de mi madre, podría perdonársele por pensar que algo anda mal con ellos. Algunos de los tomates se ven como monstruosidades con sus protuberancias, grumos y variaciones de color. Él está acostumbrado a ver tomates "perfectos" en los supermercados que se producen en masa en granjas industriales en Florida y parece que salieron de una cadena de montaje. Por fuera, se ven como adornos rojos brillantes que los podría colgar en mi árbol de Navidad. Y eso es lo que saben. El Comité de tomate de Florida tiene controles estrictos sobre los rasgos que deben poseer sus tomates: piel perfectamente lisa, forma redonda uniforme y tamaño constante. Son rechazados si la forma y la coloración no se ajustan a los estándares. Y si al morder uno de estos tomates uniformes no producen una satisfacción de "delicioso", está bien, siempre que parezcan como deberían.

Tercero, *tecnología*. Según un nuevo estudio de Common Sense Media, (Sentido Común de los Medios Masivos) los adolescentes pasan un promedio de nueve horas al día usando los medios. La evidencia ya sugiere que el uso de teléfonos inteligentes está relacionado con las crecientes tasas de depresión y suicidio en adolescentes.[7] Hoy en día, los jóvenes a los que se comparan y modelan el comportamiento no son simplemente los veinticinco niños en su salón de clases de segundo de secundaria; son los millones de adolescentes que los bombardean con publicaciones de Instagram, Twitter y Facebook a todas horas del día y de la noche. Esto ha llevado a una globalización generalizada de ideas, valores y estructuras que solían formarse en el hogar, la escuela y la comunidad.

Las compañías de tecnología tienen un gran poder e influencia. Amazon influye mucho en cómo compran las

---

[7] Jean M. Twenge, "Have Smartphones Destroyed a Generation?" The Atlantic, September 2017, https://www.theatlantic.com/magazine/archive/2017/09/has-the-smartphone-destroyed-a-generation/534198/.

personas, Google cómo adquieren conocimiento y Facebook cómo se comunican. Twitter permite que un millón o más de personas hagan eco de las palabras exactas de otro en todo el mundo en cuestión de minutos. (En 2016, Carter Wilkerson, de 16 años, fue el autor del tuit con más retuits de la historia: una solicitud para ganar nuggets de pollo gratis en Wendy's con el tuit, "AYUDAME POR FAVOR, UN HOMBRE NECESITA SUS NUGGS". Fue retuiteado más de 3,650,000 veces. Por el contrario, uno de los tuits o tweets más populares del Papa Francisco, "Cada Vida es un Regalo. #marchforlife", fue retuiteado unas 22,000 veces.) Es más fácil que nunca "seguir " personas e ideas y difundir cosas que nos gustan, y es un mundo extraño donde la búsqueda de un hombre por nuggets de pollo es 165 veces más interesante que las palabras del Papa sobre la dignidad de cada vida humana.

Finalmente, *lenguaje*. La conformidad del lenguaje, que da forma a la manera en que vemos el mundo, es un problema dentro y fuera de la Iglesia. Dentro de la Iglesia, utilizamos términos como "vocación" de una manera ambigua (lo aplicamos a la vocación de cada persona, y luego al momento siguiente exclusivamente a los sacerdotes y religiosos) y podemos expresar peroratas o perogrulladas como: Todo Sucede Por Una Razón sin tomarse el tiempo para entender a la persona con la que estamos hablando. Fuera de la Iglesia, se les dice a las personas qué hacer, qué comer, cómo pensar y cómo hablar. Una manipulación Orwelliana del lenguaje se está volviendo un lugar común. (Por ejemplo, alguien que no está de acuerdo con el nuevo uso de la palabra "matrimonio" por parte del gobierno, es etiquetado rápidamente como un intolerante ignorante).

Ya en 1993, David Foster Wallace había notado la forma peligrosa en que los medios de comunicación y la publicidad moldeaban el lenguaje. Se lamentó del estado de la literatura de ficción. Casi todos los nuevos escritores populares imitaban la ironía que veían en la televisión. Tenían miedo de hablar en serio. Pero en su búsqueda de la ironía inteligente, los escritores cayeron de cabeza en un pozo negro de tácticas de marketing baratas. Wallace escribió: "Los próximos 'rebeldes' literarios en este país bien podrían surgir como un extraño grupo de anti-rebeldes... quienes tratan de simples y antiguos problemas humanos y emociones en la vida de los Estados Unidos con reverencia y convicción".[8]

En una cultura de conformidad, necesitamos más que rebeldes. Un rebelde se convierte en un reflejo de la misma cultura sobre la que trató de rebelarse. En cambio, necesitamos hombres y mujeres con una vocación personal y con un propósito trascendental para conseguirla. Los santos no están definidos por lo que están en contra, sino por lo que están a favor. Son anti-rebeldes por excelencia.

El Anti-Rebelde

En 1916, a la edad de dieciocho años, Dorothy Day abandonó la Universidad de Illinois y se mudó al Lower East Side de la ciudad de Nueva York. Ella abandonó su interés infantil de la religión y se encontró con el grupo bohemio que

---

[8] David Foster Wallace, *"E Unibus Pluram: Television and U.S. Fiction,"* Review of Contemporary Fiction, 13:2 (1993: Summer), 192–193.

se juntaba en bares y cafeterías alrededor de Washington Square Park. Ella se movió naturalmente hacia el socialismo. En su autobiografía, confesó la tentación de resolver todo con la política en ese momento de su vida. "Quería ir a las manifestaciones, ir a la cárcel, escribir, influenciar a otros y dejar mi marca en el mundo", escribió.[9] Dorothy pasó la mayor parte de sus veintes "arrojándose por diferentes avenidas, buscando una vocación".[10] Participó en protestas y marchas, fue arrestada dos veces, y finalmente encontró trabajo como periodista en el periódico radical de izquierda *The Call* (*La Llamada*) por cinco dólares a la semana. Durante los años siguientes, se desplazó sin rumbo. En un momento dado, trabajó como enfermera en un hospital de Brooklyn, donde conoció a Lionel Moise, un "periodista mujeriego", y finalmente quedó embarazada de su hijo. Moise le dijo a Dorothy que abortara y ella lo hizo.

Dorothy continuó luchando por la justicia social y por escribir. Su novela *La Undécima Virgen* fue publicada y adquirida por $5,000 en un estudio de Hollywood, pero eventualmente se avergonzó de tal manera que intentó comprar todas las copias. David L. Brooks, en su libro *El camino del carácter* escribe que, "Dorothy Day estaba tomando una posición en contra de la injusticia, pero lo hacía sin un marco organizado trascendente. Ella parece haber sentido, inconscientemente y en aquel entonces, que,

---

[9] Dorothy Day, *The Long Loneliness: La autobiografía de la legendaria activista social católica* (San Francisco: HarperOne, 1952), 60.
[10] David Brooks, *The Road to Character* (Nueva York: Random House, 2015), 82.

para ella el activismo sin fe fracasaría".[11]

Dorothy comenzó a darse cuenta de que su activismo y ambición personalmente creada, estaba divorciada de cualquier relación viva con el Dios infinitamente creativo, y la hacían una conformista mundana. En lugar de conformarse con Jesucristo, ella se estaba conformando a un partido político, a una ideología, al momento que pasa.

Dorothy vendió los derechos de la película a *La Undécima Virgen* y compró una casa de playa en Staten Island. Pronto encontró un nuevo amante, un anarquista y biólogo llamado Forster Batterham que la visitó en su bungalow en Staten Island casi todos los fines de semana durante cuatro años. Una vez más, Dorothy quedó embarazada y esta vez dio a luz a su bebé, Tamar.

El nacimiento de su hija marcó un cambio profundo en Dorothy. Ella estaba abrumada con un sentido de gratitud. "Ninguna criatura humana podría recibir o contener un flujo tan grande de amor y alegría como a menudo sentí después del nacimiento de mi hija. Con esto vino la necesidad de orar, de adorar."[12] Dorothy comenzó a rezar nuevamente por primera vez desde que era una niña pequeña. Ella dejó de rebelarse contra el poder del mundo y comenzó a rebelarse contra el pecado.Cuando llegó el momento de encontrar un hogar espiritual, se volvió hacia la Iglesia Católica. Su atracción hacia la Iglesia no proviene de su influencia política o social. "Fue la gente, no la teología", escribe Brooks. "Fueron los inmigrantes católicos a los que ella había cobijado

---

[11] Ibid., 81.

[12] Day, *The Long Loneliness*, 135 (*La Larga Soledad*)

y servido: su pobreza, su dignidad, su espíritu comunitario y su generosidad hacia los desamparados".[13] Su contacto con los pobres fue el testimonio más creíble de las verdades de la fe que Dorothy encontró en la Iglesia, y en ella encontró su vocación.

En 1938, publicó un libro titulado *Mi conversión: De Union Square a Roma* el cual es un relato de su conversión. Ella escribió que "trataría de rastrear para usted los pasos por los cuales llegué a aceptar la fe que creo que siempre estuvo en mi corazón".[14] Dorothy dejó de rebelarse y comenzó a responder a los más profundos deseos de su corazón: a la Palabra que fue enterrada profundamente desde el principio..

El *Movimiento de Trabajadores Católicos* que ella fundó todavía está activo hoy con más de doscientas cuarenta comunidades en los Estados Unidos y en el extranjero, comprometidas con la no violencia, la pobreza voluntaria, la oración y la hospitalidad para las personas sin hogar, exiliadas, hambrientas y abandonadas.

HACIA UNA CULTURA DE VOCACIÓN

Se necesita una perspectiva fresca y valiente para fomentar una cultura de vocación. Debido a que vivimos en una cultura que es anti-vocacional, una cultura vocacional es necesariamente contracultural. Fomenta el pensamiento

---

[13] *The Road to Character*, 85

[14] Dorothy Day, *From Union Square to Rome* (Maryknoll, NY: Orbis Books, 2006), 3

meditativo en lugar de calcular el pensamiento, prefiere conmover a una persona en lugar de hablar de una idea, y cultiva la libertad de imitar a Cristo en lugar de a los hombres. Sabemos que ninguna vocación es posible sin la gracia de Dios. Sin embargo, la gracia está fuera de nuestro control, y hablar demasiado de ella puede reducirla a algo que creemos entender mejor que nosotros. No podemos controlar la gracia de Dios, pero podemos disponernos nosotros mismos y podemos ayudar a otros hacia esa gracia.

P. Herbert Alphonso, SJ, en su excelente libro *Vocación personal*, dice que los ejercicios espirituales de San Ignacio se basan en discernir la propia vocación personal, que se basa en la propia naturaleza: "la única manera irrepetible y única de *disponerse* uno mismo al Señor."[15] El Padre Alphonso con humildad admite que la gracia de Dios es algo fuera de nuestro control, más allá de toda expectativa. Pero podemos y debemos aprender a disponer de esa gracia en función de nuestra naturaleza única.

Nosotros proponemos un simple enfoque: escuchar las historias de las personas para ayudarlas a descubrir su diseño único y motivador. Esto les da una clave hermenéutica o interpretativa para comprender su continuo discernimiento. Luego, a la luz de la fe, acompáñalos a medida que descubren y acogen su llamado irrepetible. Los mentores tienen asientos delanteros para este despliegue del diseño de Dios.

El clímax de la película "El Festín de Babette", es una bella cena durante la cual el general Lorens Löwenhielm

---

[15] Herbert Alphonso, La vocación personal: Transformación en profundidad a través de los ejercicios espirituales (Roma: Gregorian & Biblical Press, 2006), 92.

-quien, antes en la corta historia de Isak Dinesen, se había cansado del amor no correspondido y describió el mundo como cruel e injusto- se siente abrumado por el misterioso diseño de Dios. Se escapó de una vida de lidiar con el Cruel Jugador de Póker.

Durante la cena con sus viejos amigos, incluida la mujer que una vez lo despreció, el general se convierte en un instrumento de gracia para los demás. En medio de la comida, después de darse cuenta de que la gracia ha irrumpido en su vida (y armado de valor gracias a unas copas de vino Clos de Vougeot 1845), se levanta para brindar:

"A todos nos han dicho que la gracia se encuentra en el universo. Pero en nuestra necedad humana y miopía imaginamos que la gracia divina es finita. Por esta razón, temblamos. Temblamos antes de hacer nuestra elección en la vida, y después de volver a hacerlo temblamos de miedo por haber elegido mal. Pero llega el momento en que nuestros ojos se abren, y vemos y nos damos cuenta de que la gracia es infinita. La gracia, mis amigos, no nos exige nada, sino que debemos esperarla con confianza y reconocerla en gratitud".[16]

La gracia de Dios es un océano, y solo debemos dejarnos mojar. A la pregunta del pez viejo, al inicio de este libro: "¿Cómo está el agua hoy?" Podemos responder con confianza: En todas partes.

---

[16] Isak Dinesen, *Fiesta de Babette y otras anécdotas del destino* (Nueva York: Vintage Books, 1988), 40-41. Véase también la adaptación cinematográfica danesa de 1987 de Babette's Feast.

2

NUESTRO EXCLUSIVO
DISEÑO MOTIVACIONAL

Las semillas de la vocación personal

Joshua Miller

"En el plan de Dios, cada hombre nace para buscar su
autorrealización personal, porque cada vida humana
es llamada por Dios a alguna tarea. Al nacer, un ser
humano posee ciertas aptitudes y habilidades en
forma germinal, y estas cualidades deben ser cultivadas
para que puedan dar fruto".

–San PABLO VI–
Sobre el desarrollo de los pueblos

SAM GARCIA se acuclilló en la sede de la compañía de
cigarros Philip Morris para completar otro formulario en
el departamento de recursos humanos.[1] Le pidieron completar el cuestionario como parte de un plan de desarrollo

---

[1] Esta anécdota se basa en eventos reales. "Sam Garcia" es un seudónimo.

ejecutivo facilitado por Arthur Miller, Jr. de la compañía Administración de Personal Inc. Philip Morris había contratado a Miller para ayudar a la compañía a tomar decisiones de gestión efectivas y Sam era el último empleado en pasar por el programa.

Las preguntas eran simples, pero requerían que reflexionara sobre su pasado. No era una actividad a la que Sam estaba acostumbrado.

Recuerda las actividades que disfrutaste profundamente y crees que tú las hiciste bien. Regresa lo más lejos que puedas recordar. Incluye actividades de cualquier esfera de la vida (iglesia, familia, profesional, etc.). Describe lo que hiciste ¿Qué fue satisfactorio sobre lo que hiciste?

Y así, durante unas pocas horas, Sam relató algunas actividades aparentemente sin ninguna conexión, comenzando con un gran fuerte en un árbol, que él había construido en la secundaria y finalizó con un nuevo proyecto de base de datos que había terminado recientemente en Philip Morris.

No tengo idea de qué sacarán de esto, pensó Sam. El ejercicio había sido más interesante de lo que esperaba. Partes de su pasado enterradas por el tiempo habían llegado, con cariño, de vuelta a él. Pero *¿qué tiene que ver el* martillar para hacer un fuerte en un árbol con la revisión del software? Terminó y entregó el formulario y se regresó a trabajar.

Dos semanas más tarde, Miller recibió un Motivated Abilities Pattern® (Patrón de Habilidades Motivacionales) o

MAP: un informe personalizado que describe una estructura consistente de comportamiento motivado revelado en cada una de las historias de Sam.

El MAP sorprendió a Sam. Capturó formas recurrentes en las que estaba más inclinado a ser y actuar en el mundo, revelando un patrón de impulsos innatos que había sentido tan pronto como pudo recordar, pero no los había articulado. Sam le pregunto a Miller "¿Cómo sacaste eso de mis historias?"

Miller describió para Sam el hermoso fenómeno de que cuando las personas describen actividades que disfrutan profundamente y creen que les va bien, un patrón recurrente de comportamiento, una estructura de motivación innata se manifiesta en su lenguaje.

"Pero, Art", dijo Sam, "no escribí un documento temático. No hubo ningún 'patrón' en absoluto. Solo escribí un montón de recuerdos al azar. "Luego Sam hizo la pregunta del millón de dólares:" Entonces, si yo no puse ese tipo de diseño en mis historias. . . ¿Quién lo hizo?"

Nunca supe de mi abuelo, Arthur Miller, si él compartió el Evangelio en ese momento, pero sí recordaba la comprensión que García tuvo en ese momento, de que había sido dotado por un Creador con un diseño motivacional específico expresado en una acción llena de gozo. Esta toma de conciencia de Dios como Creador personal fue un paso crítico en el camino de Sam a la fe cristiana.

Cada persona viene al mundo, no como un pizarrón en blanco, sino con una orientación de conducta única e innata. Descubrir este patrón es un paso crítico en el discernimiento vocacional, porque el patrón mismo ya es una especie de llamado primordial. Somos libres de elegir todo tipo de acciones específicas, pero no libres de ignorar las características de nuestro propio diseño. Eso sería como el tigre de la fábula tratando de cambiar sus rayas. Nuestras elecciones siempre y en todas partes tienen lugar en el contexto de una esencia dada, que indica las semillas de nuestra vocación personal. El patrón es el denominador común permanente de la propia vida, la intención básica de Dios para la persona.

DESPERTANDO AL DISEÑO MOTIVACIONAL

Mi corazón salta cuando contemplo
un arcoíris en el cielo:
Así fue cuando mi vida comenzó;
Entonces es ahora que soy un hombre;
¡Entonces sea cuando envejezca,
¡O me dejes morir!
El niño es el padre del hombre.

–WILLIAM WORDSWORTH–
"Mi corazón salta hacia arriba"

"Cariño, no sentí que el bebé se moviera hoy, pero tan pronto como me acosté, me golpeó con sus puños y luego se calmó de nuevo". Así fue como mi esposa, Brooke, describió el movimiento que sintió de nuestro primer hijo, David, mientras crecía dentro de ella. Todos los días era lo mismo. Pasaban largos períodos cuando Brooke apenas podía detectar al niño y luego, poco después de que ella se acostara para dormir, el bebé en su vientre la golpeaba vigorosamente dos o tres veces.

Algunos serán muy rápidos en proporcionar una mera explicación natural para esto. El bebé simplemente se estaba ajustando a la nueva posición de su madre. Lo acepto. Seguramente hay algo de verdad en eso. Pero luego vino Virginia. "Ella revolotea constantemente", declararía Brooke. "¡Tan diferente de David! Ya sea que esté caminando o acostada, casi siempre puedo sentir movimientos ligeros y suaves. Sin golpes como David".

El patrón de movimiento de nuestro tercer bebé, Nancy, era igualmente distinto. Recuerdo estar asombrado una noche cuando Brooke descansando en el sofá dijo: "mira esto". Luego miré, atónito, como la montaña de su vientre parecía transformarse en dos colinas más pequeñas con un valle en el medio. "Este niño empuja a ambos lados con tanta fuerza", declaró Brooke. "¡Siento que tengo a Sansón dentro de mí!"

La idea de que los niños lleguen como masa sin forma esperando a ser moldeados por los padres y la sociedad sigue siendo tristemente frecuente, como Stephen Pinker muestra en *The Blank Slate: The Modern Denial of Human Nature (El Pizarrón Blanco: La negación moderna de la naturaleza humana)*. Pero cualquier madre o padre de múltiples niños sabe mejor. Los padres si tienen un gran impacto en sus hijos de manera positiva o negativa. Eso no puede ser negado. Pero la idea de que entren en el mundo *"tabula rasa"* o como un "lienzo en blanco" y terminen siendo el "producto" de su educación es pura tontería de expertos académicos sin honestidad en su trato con niños, o personas reales, para el caso.

Mi esposa y yo hemos sido bendecidos con seis hijos. La experiencia de Brooke es que cada uno de ellos tenía un patrón distintivo de movimiento en el vientre materno. Los primeros patrones eran básicos, pero se han vuelto más complejos y claros con cada año que pasa; sin embargo, la personalidad única de cada uno sigue siendo coherente con la forma en que pateó, revoloteó o se estiró dentro de Brooke. David es intenso en todo lo que hace. Ahora con diecisiete años, puede concentrarse durante horas, pero luego sus movimientos son explosivos, especialmente en el campo de fútbol. Virginia, nuestra mariposa social y artística, se mueve suavemente para conocer gente y explorar nuevos tipos de creatividad. Nancy es poderosa y no le gusta estar contenida en las cuatro paredes de una casa más de lo que le gustaba la restricción de su primera morada. "¡Sácame de aquí!" Parecía decir entonces, y a menudo lo dice ahora.

La experiencia de mi esposa podría no ser universal. No la uso como una prueba científica de un diseño motivacional en el bebé a pocos meses de nacer, ni para afirmar que los factores ambientales no son importantes para el desarrollo de la personalidad. La uso para indicar una experiencia ampliamente compartida por padres con varios hijos: llegan con su propio comportamiento y su forma única de ser.

Brooke y yo hemos criado a cada uno de nuestros hijos de la misma manera. Nuestra relación sigue siendo fuerte y estable. Adoramos a Dios y recibimos los sacramentos frecuentemente porque somos católicos romanos. Somos más flexibles ahora que hace diecisiete años, menos propensos a enloquecer, pero nuestro estilo de educar a nuestros hijos no se ha alterado significativamente. Vivimos en la misma parte del país. Nuestra dieta no ha cambiado. De hecho, con la excepción de tener más canas, los ritmos de nuestra vida desde el nacimiento de David siguen siendo los mismos. El punto principal es que cada niño ha entrado en un entorno social y familiar común, pero, desde el principio, ha exhibido un irrepetible patrón de comportamiento que no es el resultado del condicionamiento.

Aunque Brooke y yo nos esforzamos por formar a todos nuestros hijos de acuerdo con ciertos principios generales como: amar a Dios y al prójimo, ser buenos ciudadanos, respetar los códigos básicos de cortesía, modales, etc., somos muy conscientes de que cada uno tiene su propia vocación personal de la que somos responsables de cultivar. Las semillas de ese llamado están presentes dentro del diseño motivacional distintivo de cada uno. Hacemos todo lo posible por comprender ese diseño y para también ayudar a nuestros hijos a darse cuenta de ello. No queremos silenciar el descubrimiento o tratar de definir a cada niño demasiado pronto, ya que cada uno es un misterio y las descripciones siempre no captan las profundidades de su ser. Aun así, tanto como sea posible, nos esforzamos por comprender, articular y luego trabajar "dentro del grano" del patrón de cada uno. Tratamos de crear condiciones en las que cada niño pueda florecer de acuerdo con ese patrón sin descuidar la unidad básica familiar ni sacrificar la imparcialidad.

En los siguientes capítulos, hablaremos más sobre este enfoque de formación personalizado. Por ahora, concentrémonos en identificar el diseño motivacional, en el contexto de lo que llamaremos la Historia de logros.

CUÉNTAME TU HISTORIA

"Si deseamos saber acerca de un hombre, preguntamos '¿Cuál es su historia, su historia real, más profunda?', Porque cada uno de nosotros es una biografía, una historia".

−OLIVER SACKS−

Podemos decir mucho sobre los jóvenes al observar su comportamiento desde el exterior. Esta es la única forma en que los padres y encargados al cuidado de infantes pueden entender a los niños durante los primeros años de sus vidas. A medida que los niños comienzan a expresarse a una edad temprana, a menudo de manera cruda y sin filtro, comenzamos a entenderlos desde adentro; comienzan a contarnos sus pensamientos y sentimientos. Pero toma algunos años aumentar la conciencia de sí mismos en los jóvenes antes de que puedan articular profundamente su propia experiencia subjetiva. Para conocerlos realmente es necesario adentrarse en el espacio de su vida interior y ver el mundo lo más posible desde sus perspectivas.

Para comprender verdaderamente a los demás y avanzar más allá de la mera observación externa, a menudo le pedimos a las personas, jóvenes o adultos, que compartan sus historias. Este es un fenómeno generalizado que trasciende las culturas de Oriente y Occidente. Precisamente porque los seres humanos desde el comienzo de la historia se identifican a sí mismos en el contexto de la historia, la enfatizamos como una parte crítica de conocer a los demás y ayudarlos a crecer en la autoconciencia y discernir efectivamente a qué están llamados a hacer.

Al compartir nuestras historias, a menudo comenzamos identificándonos con grupos más amplios y reconocibles de los que formamos parte. Considere algunas de las formas en que las personas responden a la invitación: "Cuéntame tu historia". Podrían comenzar con una familia de origen: "Mi gente es irlandesa de clase trabajadora. De misa todos los domingos. Para la mayoría de mi familia, especialmente mi papá, también era el bar todas las noches". O puede ser conexión con una región: "¡Soy tejano! Nacido y criado. ¡Me encanta el chile picoso y le voy a los Vaqueros de Dallas!" Los niños acostumbrados a ambientes estratificados de la escuela secundaria a menudo se clasifican por ciertos tipos: "Soy un atleta, un atleta de tres deportes". "Soy un jugador de juegos electrónicos, Mountain Dew y Minecraft cada fin de semana". "Soy un poco *nerd*. Dame libros y estoy feliz". A medida que envejecemos tendemos a describirnos de acuerdo con nuestra profesión: "Trabajo para General Electric como ingeniero. He estado allí por veinte años". Las personas religiosas devotas a menudo publican, orgullosa y llena de colorido, su fe cuando comparten su historia:" ¡Entré a la Iglesia el 4 de enero de 1994 y soy felizmente católico!"

De muchas maneras, es natural y bueno para nosotros comenzar a compartir nuestra historia con otros de manera amplia y objetiva o al menos identificándonos con grupos de los que formamos parte. A menos que tengamos primero confianza, obviamente somos reacios a compartir nuestra vida interior. Además, la explicación de detalles particulares y más personales de uno mismo tiene más sentido a la luz del contexto general. El empleado de General Electric que siente pasión por las presas hidroeléctricas en el río Colorado inicialmente se describe a sí mismo como ingeniero. La joven que continúa compartiendo el dolor del alcoholismo de su padre, primero relata su pasado en una familia irlandesa donde la bebida era una parte prominente.

Aunque es apropiado reservar una explicación más profunda de nosotros mismos hasta que se establezca la confianza y el contexto correcto, nuestro conocimiento mutuo a menudo permanece superficial. Las mismas fuerzas culturales que abordamos en el Capítulo Uno que debilitan la vocación personal también aplican aquí. El ruido, el ajetreo y la presión para ser consumidores desencarnados y conformistas dificultan todos los encuentros interpersonales profundos, del mismo modo que esas fuerzas socavan el cultivo de una vocación única y personal.

Otra razón por la que no profundizamos en los temas generales de la historia de otra persona y permanecemos al margen de la experiencia interior, es nuestra tendencia a involucrarnos en intereses comunes y actividades comunes. Los jugadores de fútbol hablan sobre el juego. Las madres comparten los gozos y penas de la maternidad. Los compañeros de trabajo discuten los proyectos que tienen el reto de terminar. Y todos discutimos el clima.

No hay nada de malo en relacionarse entre sí en torno a intereses compartidos. De hecho, tenemos una conexión profunda con aquellos que han vivido las mismas luchas o logrado las mismas victorias. Aquí nuestras historias se cruzan. Ese tipo de mutualidad es verdaderamente una bendición, un punto de verdadera solidaridad. Pero lo que sucede a menudo cuando interactuamos en torno a la *experiencia compartida* es que perdemos la importancia de la *propia experiencia personal del otro*. Conocernos unos a otros sobre la base de lo que tenemos en común es natural, pero limitado. También ocasionalmente compartimos historias donde la riqueza de la vida interior está presente en colores vivos. Y sin embargo, como escribe Oliver Sacks, es aquí donde se encuentra la "historia real más profunda".

LA HISTORIA DE LOGROS

"Cuando una persona hace algo que le gusta hacer
y lo hace bien, el individuo invariablemente vuelve
al mismo patrón de funcionamiento: un patrón
único que es como la firma del individuo".

−ARTHUR MILLER, JR.−

El Poder de la Originalidad

Abrimos este capítulo con la experiencia de Sam García relatando las actividades de su vida que él había disfrutado y creía haber hecho bien. Seguimos a Arthur Miller, Jr. en llamar a estas "Historias de Logros". Aquí abordaremos lo que son y el diseño motivacional revelado a través de ellos. En el Capítulo Cinco presentaremos cómo obtenerlos efectivamente de los jóvenes como una parte crítica de su discernimiento vocacional.

Las actividades de logro pueden provenir de cualquier tipo de actividad (escuela, trabajo, recreación, familia, iglesia) o en cualquier momento de la vida, pero no son simplemente experiencias pasivas, como tomar el sol en Florida o estar de holgazán en el sofá durante ocho horas viendo películas de Jason Bourne. Pueden involucrar una gama casi infinita de acciones porque cada persona es irrepetible. Las actividades pueden implicar alcanzar algún estándar de éxito contemporáneo, como alcanzar un promedio en la universidad de 100, o ser el representante de ventas número uno, *pero no necesariamente*. Podrían involucrar la satisfacción de una persona al lograr los aplausos de una audiencia, pero podría ser el centrarse en el deleite del trabajo en el anonimato excepto para sí mismo y para Dios. Puede involucrar el lanzamiento de cinco pases de touchdown o la composición de una pieza de arpa inspirada en *El Señor de los anillos* o ganarle una partida de ajedrez a su papá, o limpiar el establo, o haciendo amistad con todas las chicas de la clase, cualquier acción siempre que produzca una profunda sensación de plenitud y que la persona crea que él, o ella, lo hizo bien.

En una historia de vida completa, ya sea autobiografía o biografía, esperamos detalles sobre las principales características de esa vida: éxitos o fracasos importantes, relaciones clave y conexiones con acontecimientos históricos bien conocidos. Pero las biografías o autobiografías más interesantes extraen la vida interior de la persona. Sin tal profundidad, las historias siguen siendo de dos dimensiones, planas.

El objetivo de la historia de logros es iluminar el patrón único personal de diseño motivacional de una persona sin un recuento completo de toda su vida. Cuando un geólogo quiere investigar un pedazo de tierra, perfora muestras importantes. No necesita analizar cada pie cuadrado porque las muestras permiten una evaluación precisa de los elementos esenciales de la tierra. Del mismo modo, no es necesario que capturemos todos los días de la vida de una persona para que podamos ver los aspectos esenciales de su diseño motivacional. Una serie de historias de logros auténticos extraídos de diferentes períodos de la vida de una persona muestran claramente su recurrencia y consistencia.

Aunque las historias de logros revelan poderosamente el diseño motivacional de una persona, rara vez se las solicita. En mis veinte años de experiencia como coach, consultor y docente, he trabajado con miles de aprendices. Tal vez, solo al cinco por ciento de ellos, alguna vez se les preguntó por sus historias de logros en cualquier nivel de profundidad. Y de estos, la mayoría ha compartido sus historias como parte de un reclutamiento o como parte de un ejercicio de desarrollo personal. Muy pocos tenían la experiencia de tener un padre, educador o pastor que les pedía que compartieran historias de actividades que disfrutaban profundamente y que creían haber hecho bien.

¿Alguna vez has tenido esta experiencia? ¿Alguna persona te ha pedido que le cuentes esos bellos recuerdos de estar profundamente comprometido, realizado y feliz? ¿Te has tomado el tiempo, con los jóvenes bajo tu cuidado, para obtener de ellos y escuchar verdaderamente sus *historias de logros*?

¿DE DÓNDE VIENE ESTE ENFOQUE?

A fines de la década de 1950, Arthur Miller, Jr. estaba trabajando junto a un pionero del asesoramiento de carrera moderno, Bernard Haldane. Haldane había notado que las personas expresan varias fortalezas en sus historias de actividades placenteras. Fascinado con este fenómeno, Miller comenzó a mirar más de cerca la narrativa autobiográfica y descubrió que no solo expresaban fortalezas recurrentes sino también un patrón completo de comportamiento intrínsecamente motivado. Llamó al proceso de diseñar y describir ese patrón, el Sistema para Identificar Habilidades Motivadas® o SIMA®. Lo más importante, Miller descubrió, que debajo de las fortalezas naturales de una persona existe un impulso subyacente de motivación central que explica a un nivel natural por qué las personas desean ejercitar esas fortalezas y cómo se integran juntas.

En el Apéndice III de este libro, enumeramos los trabajos publicados por Miller y sus asociados que brindan información adicional sobre patrones motivacionales y libros de otros campos que corroboran su punto de vista. En este punto, destacan dos áreas de apoyo, una basada en la filosofía de Santo Tomas de Aquino y la otra en la psicología contemporánea, que muestran el valor de recurrir a historias de logros para comprender a la persona.

Un principio clave en la obra de Santo Tomás de Aquino, que él sacó de Aristóteles, es que *la acción de un ser revela su esencia.* Cuando nos damos cuenta de qué es lo que un ser está más inclinado a hacer, reconocemos su naturaleza: "Todo ser viviente da prueba de su vida mediante esa operación que es más propia de el y para la cual está más inclinado" (*Summa Theologiae*, II -II, q. 179). Aquino empleó principalmente este principio para describir las cosas a nivel de especie. Por ejemplo, la acción humana reflexiva indica una esencia incorporada a la racionalidad. La acción de un halcón en vuelo indica la esencia de un pájaro. El mismo principio se aplica a nivel individual. Llegamos a conocer a una persona al explorar su comportamiento auténtico. Algunas de nuestras acciones son poco entusiastas y hechas de mala gana, algunas se hacen por compulsión, otras las odiamos, otras las hacemos a medias. Estas acciones que literalmente nos limitan o nos frenan mientras "hacemos los movimientos", no revelan quiénes somos, de la manera que lo hacen las actividades que nos motivan profundamente y que involucran a todo nuestro "yo". Las historias de acción cautivadora, que arrojan luz sobre la vida interior y exterior de una persona, expresan una esencia única.

Además de la filosofía Tomista, la evidencia de la psicología moderna apoya la centralidad de las historias de logros, a menudo denominadas experiencias de "flujo". Este movimiento en la psicología moderna, llamado Psicología Positiva, ha sido una parte importante de lo que Paul Vitz llama "Psicología en Recuperación". Un principio general de este movimiento es que llegamos a conocer a las personas y las ayudamos a florecer mediante el estudio de la fuerza y la felicidad humanas en lugar de los comportamientos negativos. Este principio de partida es completamente consistente con el enfoque de Arthur Miller Jr.

El concepto de *flujo,* desarrollado por un fundador de Positive Psychology, Mihaly Csikszentmihalyi, describe un estado de absorción en una acción que es a la vez desafiante y valiosa. Estar en flujo es sumergirse en cualquier actividad que sea intrínsecamente motivadora. Las historias de "estado de flujo" son casi idénticas a las historias de logros que revelan un patrón único de motivación.

DOS HISTORIAS: BENTON & RACHEL

Observemos más de cerca unos ejemplos específicos que muestran el poder revelador de las historias de logros.

Asesorar a los jóvenes mientras navegan por las aguas de las principales decisiones de sus vidas es una parte muy placentera de mi propia vocación. Les comparto a continuación dos historias de jóvenes a los que he prestado servicios. Si bien las historias de logros de cada aprendiz revelan un patrón de motivación distintivo, Benton y Rachel proporcionan ejemplos especialmente claros de este fenómeno.

Mientras lees, presta atención a sus impulsos motivcionales principales. Pregúntate: ¿qué orienta su comportamiento?, ¿qué es lo que encuentran más satisfactorio sobre la acción descrita?

Benton Parker

Benton terminó recientemente su tercer año de universidad, especializándose en física y en música. Él está profundamente apasionado acerca de seguir una carrera como cantante / compositor, pero no está muy seguro de cómo llegar allí. En el momento de escribir estas líneas, no estaba seguro de si debería volver a la universidad ahora o dedicarse a la música a tiempo completo. Cuando se le pide que comparta sus historias de logros, Benton relata una serie de recuerdos. Éstos son algunos de ellos:

Cantando Elvis. "Mi amor por el canto comenzó cuando mi familia viajó a Graceland a las afueras de Memphis para visitar la casa donde vivió el gran Elvis Presley: les supliqué a mis padres que obtuvieran su álbum Greatest Hits. Mi canción favorita era "Zapatos de gamuza azul". Les pedía a mis padres, sin parar, que pusieran la música de Elvis en el auto y casi siempre cantaba, lo cual aterrorizaba de los demás pasajeros".

Actuando al León Cobarde. "En segundo grado participe en la obra de teatro del Mago de Oz como el León Cobarde. Recuerdo haberme sentido con mucha confianza en mí mismo, particularmente cuando recite mis líneas. Después de la obra, recuerdo como mis padres comentaron que mi actuación había sido excelente, y la Sra. Vance, la directora de la obra, estaba muy orgullosa del trabajo que yo había hecho".

Tocando la Flauta Dulce. "En cuarto grado fui introducido a la flauta dulce. Me propuse el objetivo de aprender la pieza más difícil del cancionero: 'El león duerme esta noche'. No solo quería tocar la canción, sino memorizarla. Hacia el final del semestre, nos levantamos frente a la clase para tocar algo que habíamos aprendido y elegí tocar esa canción de memoria".

Interpretando "Smooth". "En mi penúltimo año de preparatoria cante como solista 'Smooth'. Recuerdo haber practicado muy duro. Lo logré tanto en el concierto como en ensamble con la banda, ¡lo logré!

Actuar en una banda de rock en la universidad. "El show que mi banda y yo dimos para Rites of Spring fue mágico. Todo salió perfectamente esa noche, y no puedo recordar ningún error por parte de ninguno de nosotros. Se siente increíble haber sido parte de un grupo tan talentoso. Le dimos a la audiencia, a nuestros amigos y compañeros de clase un espectáculo increíble".

Destreza, música y actuación. El lenguaje nunca captura de manera adecuada o completa a una persona, pero si tuviéramos que reducir el patrón de motivación de Benton a tres palabras, estas se acercarían mucho. Sus historias contienen otros tipos de actividades, pero tener una gran actuación con algún tipo de habilidad musical y luego presentarlo ante una audiencia apreciativa es claramente el tema dominante.

Rachel Michaud

Rachel era estudiante en la Universidad Franciscana de Steubenville y del Centro de Liderazgo, donde tengo el privilegio de servir. Se graduó con un título en Catequesis y Ministerio de Jóvenes y pasó a servir como misionera con la Comunidad de Estudiantes de las Universidades Católicas (FOCUS por sus siglas en Ingles). Sus historias de logros cubren una variedad de actividades.

Participando en el Ministerio de Música. "Música y canto han sido siempre una gran parte de mi vida familiar. Cuando crecí lo suficiente, inmediatamente me uní a mi familia en el ministerio de música de nuestra parroquia. Estoy profundamente satisfecha cuando puedo reunirme con un grupo y cantar algo con ellos que suena hermoso".

Jugando Rugby y Lacrosse. "Disfruté esforzándome para desarrollar mis habilidades y dar, realmente, todo por el equipo. Estar en un equipo, formar una unidad, conocer las fortalezas y debilidades de las personas y usar ese conocimiento para trabajar mejor en equipo me ha permitido conocer cómo las personas trabajan y cómo ejercer una influencia positiva en sus vidas".

Sirviendo en posiciones de liderazgo en la escuela secundaria. "Disfruté todos los aspectos de organización: como planear experiencias para los retiros, preparación para las Misas, participé en una gran variedad de eventos y fui parte integral de la comunidad en general en lugar de simplemente ser espectadora desde afuera"

Voluntariado para las Misiones de la Juventud Católica. "Este fue realmente uno de los aspectos más destacados de mi carrera en la escuela secundaria. Me encantó formar lazos familiares con mis compañeros misioneros a lo largo de mi tiempo sirviendo lado de ellos. Me encantó poder guiar a los más jóvenes a través de experiencias de retiro y poder ser alguien a quienes ellos podían tomar como ejemplo a seguir".

Sirviendo en el Refugio de Esperanza del Padre Woody. "Mientras servía en el refugio de esperanza hice lo que ellos necesitaban que hiciera. Realmente disfruté interactuar con la gente. Una de las mayores bendiciones de servir allí fue cuando pude entregarle a un vagabundo la chaqueta de mi papá y ver qué bendición fue para él. Ese recuerdo estará para siempre conmigo".

Las historias de Rachel revelan un *impulso esencial para participar de cerca con los demás mientras contribuyen a su crecimiento.* Su patrón de motivación es más complejo de lo que expresa esta simple frase, pero el deseo de estar profundamente involucrado con la gente mientras lo hace con y para ellos es como un tema musical en la vida de Rachel. Se muestra en todas partes.

Tanto Benton como Rachel sabían acerca de la presencia de sus impulsos motivacionales respectivos, antes de que comenzara a entrenarlos. Benton entendió bien que le encantaba dominar una canción y luego presentarla excelentemente durante la actuación. Rachel sabía que la participación cercana con equipos era la forma en que le gustaba funcionar. Esto es típico para aprendices que son incluso moderadamente conscientes de sí mismos. Pero lo que sorprendió a ambos, y lo que la mayoría de los aprendices encuentran revelador, es la presencia constante y consistente de un diseño motivacional en su comportamiento y cómo orienta su enfoque en la vida cotidiana.

Todo lo que tocamos con los dedos deja la marca de una persona irrepetible. Incluso gemelos idénticos cuyas estructuras genéticas son prácticamente indistinguibles tienen huellas dactilares ligeramente diferentes. Nuestros cuerpos están imbuidos de distinción el uno del otro. ¿Deberíamos sorprendernos entonces de que encontremos en las personas lo que el psicólogo James Hillman llama el "código del alma", un patrón constante de motivación intrínseca? En la tradición filosófica cristiana, el cuerpo es lo que es porque el alma le da forma. Las diferencias físicas esenciales, como la estructura genética, reflejan la forma del alma.

Y así como existen estructuras comunes de curvas, arcos y espirales en la huella digital exclusiva de una persona, también existen características generales del diseño motivacional.

LA NATURALEZA DEL DISEÑO MOTIVACIONAL

El impulso de motivación único de las personas humanas es una inclinación natural profunda y duradera, no es como la fuente de energía de una máquina que se puede encender y apagar. Con base en historias de logros de decenas de miles de personas estudiadas a través del Sistema para la Identificación de Aptitudes Motivadas®, se han revelado varios aspectos importantes del patrón motivacional.[2]

El Patrón es irresistible

Una tarde de verano disfrutando unas cervezas artesanales platicaba con el escultor Dony McManus sobre los orígenes de su trabajo como artista. Dony compartió que su madre, también escultora, le dio un trozo de arcilla a su lado cuando tenía cinco años. Desde entonces, esculpir ha sido una parte esencial de su vida. Él me dijo: "¡No podría hacer otra cosa!"

Aunque este comentario se refiere a una vocación profesional muy específica, captura lo que es universalmente cierto del diseño motivacional innato, nuestra vocación primordial: *no podemos hacer otra cosa*. Los patrones de unidades centrales están entretejidos en el fondo de nuestro ser. Podemos canalizar su energía. Podemos controlarlos. Podríamos incluso sofocar su expresión por un tiempo o caer presas de las circunstancias que debilitan su energía. Por ejemplo, los leones de la jungla que están tras las rejas en el zoológico pueden desanimarse debido a su limitada oportunidad de actuar de acuerdo con sus impulsos naturales. El comportamiento apático resulta cuando se niega su hambre básica e insaciable de ser como un león. De manera similar, el impulso innato para que cada uno funcione de acuerdo con un patrón innato de diseño motivacional es irresistible.

Si una persona no puede encontrar medios de vida

---

[2] La naturaleza del diseño motivacional se pone de manifiesto en el corpus de trabajo de Arthur Miller, Jr., especialmente en *The Power of Uniqueness*, que se menciona en el Apéndice III.

saludables de acuerdo con este diseño, él o ella lo expresará de manera desordenada. Y, si las circunstancias bloquean la motivación, él o ella estarán contantemente inquietos o, en el peor de los casos, entumecidos por la depresión. Independientemente del medio ambiente, el deseo de una persona de expresar su diseño único es irresistible.

Cuando las personas encuentran en sí mismas un hambre profunda y constante de perseguir ciertos tipos de objetivos, son inherentemente positivos, están apuntando ala intencionalidad básica de Dios para sus vidas.

Dony McManus recordaba que desde siempre le encantaba trabajar con arcilla para crear figuras. Él "no podía hacerlo de otra manera". Cada joven tiene un impulso básico irresistible para ser y actuar de una cierta manera. Puede que no sea tan obvio como el de Dony, pero la motivación de cada niño estará presente. Hay que prestar mucha atención a esa motivación ya que es un componente crítico de un discernimiento vocacional.

El Patrón es insaciable

Nuestra hambre de comida y sed de bebida nunca desaparece. Comemos, bebemos y estamos satisfechos por un tiempo. Pero debido a que somos seres encarnados cuya existencia corporal depende de la comida y el agua, el impulso de comer y beber nunca estará plenamente satisfecho en la tierra. Somos seres cuya misma naturaleza se define por la necesidad de sustento.

Nuestros impulsos motivacionales también son insaciables. Nunca llegamos al punto en que nuestro anhelo fundamental de ser de cierta manera se agota. Las personas nunca satisfacen su motivación de forma definitiva, independientemente de la frecuencia con que hayan tenido la oportunidad de expresarla.

Vivimos en una cultura transitoria donde las cosas buenas van y vienen. A veces mis aprendices se preocupan si sus patrones de motivación desaparecerán o no. "Hoy soy así, pero ¿seré mañana, así como soy?" "Si me comprometo con un curso de acción debido a la motivación, ¿se disminuirá el deseo y me aburriré?" Aunque ciertas expresiones del patrón pueden volverse tediosas, el patrón en sí no se agota. Si, por ejemplo, yo estoy motivado, *para comprender un cuerpo de conocimiento y expresar mi comprensión de él de alguna manera, a menudo mediante la enseñanza.* Me encanta enseñar y eso seguirá siendo un impulso insaciable, pero me inquieta enseñar la misma clase una y otra vez. Saber que el patrón de motivación es insaciable es importante para los jóvenes, que a menudo están bastante acostumbrados a la experiencia inestable de "pasar de una cosa a otra" en nuestra cultura líquida.

El Patrón es duradero

A los noventa y cuatro años, la estructura genética de un hombre será esencialmente la misma que cuando él tenía a los nueve días de nacido. Podría ser un pagano corpulento a los veinticinco años y luego convertirse en un monje delgado a los cuarenta y cinco años. Físicamente y en términos de valores morales, podría ser muy diferente de una época de la vida a otra, pero su composición genética no cambiará fundamentalmente. De manera similar, el diseño motivacional perdura. Emerge temprano en la vida y permanece constante sin ninguna alteración fundamental. Esto no significa que las personas no puedan cambiar o desarrollarse. La gente cambia todos los días. Todos nosotros encontramos dentro de nosotros mismos una inquietud constante por ser más de lo que somos. Pero *¿qué tipo de crecimiento podemos lograr y qué tipo de conversión que realmente satisface?* Si yo, como hombre, busco la capacidad de concebir y tener un hijo dentro de mi cuerpo, me quedaré profundamente decepcionado. Desarrollar alas y volar como un águila calva es imposible. En áreas de crecimiento a mi alcance, como el canto de ópera, podría agregar redondez, volumen y alcance a mi voz de tenor, pero nunca llegaré naturalmente a la profunda voz barítona de Paul Robeson.

Las posibilidades de crecimiento de cada persona están orientadas por la estructura de su naturaleza exclusiva. Cierto, ¡las posibilidades dentro de esa estructura son profundas! Y la propia naturaleza contiene cierto grado de flexibilidad. A través de buenas elecciones podría, por ejemplo, forjar patrones neurológicos más sanos, pero como hombre de cuarenta y cuatro años no puedo ser una mujer o un águila. Tampoco puedo yo mismo cambiar fundamentalmente mi patrón de motivación única. Puedo golpear mi cabeza contra esta estructura o aceptarla con gratitud.

Saber que los patrones de motivación perduran sin un cambio fundamental tiene implicaciones profundas para el discernimiento vocacional. Conocer la estructura de su diseño ayuda a las personas a reconocer lo que Dios ya les ha llamado a ser. Benton Parker entiende que se le ha llamado, al menos en parte, a buscar una actuación musical magistral porque ese ha sido un impulso permanente de su ser desde la escuela primaria. Rachel Michaud, es constantemente motivada para participar de cerca con otros mientras contribuye a su crecimiento, ve este diseño como una dimensión de su vocación personal. Al mismo tiempo, los patrones de motivación también ayudan a las personas a ver las *trayectorias del desarrollo*. Esto es muy valioso para determinar de manera efectiva qué rutas en el horizonte se ajustan auténticamente a su naturaleza única y cuáles son falsas.

El Patrón es bueno

Como joven fariseo, Saulo (más tarde San Pablo) fue un entusiasta promotor de la verdad religiosa. Él incitó a otros judíos a perseguir a los seguidores de Jesús. "Entretanto Saulo, respirando todavía amenazas y muertes contra los discípulos", pidió permiso al Sumo Sacerdote para rastrear a los cristianos que vivían en Damasco y así "los pudiera llevar presos a Jerusalén" (Hechos 9: 1-2). Después de una conversión dramática en la que Dios tiró a Saulo de su caballo y lo dejó temporalmente a ciegas, San Pablo se transformó. Tres días después, cuando fue bautizado, San Pablo fue injertado en Cristo. Saulo, el viejo hombre, murió y se convirtió en un hombre nuevo, Pablo. Y, sin embargo, su exclusiva naturaleza permaneció igual. Fue elevado y perfeccionado, pero no eliminado.

Vemos el mismo patrón básico de motivación. Siguió siendo un celoso promotor de la verdad religiosa, pero canalizó esta energía hacia exhortar a los gentiles a abrazar el cristianismo. Después de la conversión, San Pablo se mantuvo como humano. Él se mantuvo masculino. Él también mantuvo su patrón de motivación único. Su naturaleza fue creada buena y se mantuvo buena después de la conversión, aunque ahora se integró a Cristo.

Es verdad que podemos hacer el mal con nuestros patrones de motivación. En sus días antes de ser cristiano, San Pablo canalizó su impulso para influir en la persecución de los demás. Pecamos de acuerdo con nuestros impulsos de motivación casi todos los días de nuestras vidas y, sin embargo, ocurre un fenómeno extraño y hermoso en la narración de historias de logros: los aprendices cuentan historias de actividades que brindan un profundo sentido de satisfacción y revelan diseños motivacionales únicos. Los patrones en sí son buenos. Pero también (y aquí está la sorpresa) las historias casi siempre expresan buen comportamiento.

Hay algunas excepciones. Mi colega, Rick Wellock, comparte la historia de un criminal convicto que sirvió como parte del Ministerio de Confraternidad Carcelaria. Este tipo estaba motivado para *organizar procesos complejos* y sus historias involucraban organizar robos de automóviles altamente sofisticados. Otro hombre, motivado para *alcanzar el potencial,* contó desvergonzadamente historias de encontrar mujeres fáciles de seducir en las iglesias porque las encontró más ingenuas.

Sin embargo, este tipo de historias, en mi experiencia, son raras. Aunque nuestra cultura está saturada de pornografía, adicciones, infidelidades y conductas compulsivas de todo tipo, y aun si las personas obtienen cierto grado de placer a través de ellas, tales actividades pecaminosas casi nunca aparecen en las historias de logros.

La razón de esto es que las acciones que realmente son satisfactorias también están ordenadas correctamente. Hay una sensación de verdadero ajuste entre la persona y la actividad en sí misma. Él o ella puede declarar (y a menudo lo hace): "¡Fui hecho para hacer esto!" Y esa experiencia es invaluable para el discernimiento vocacional.

Y, sin embargo, el diseño motivacional no es intercambiable con la vocación, en el sentido pleno de esa palabra. El diseño motivacional orienta a la persona al comienzo de su caminar sin guiones en cada paso del camino. La respuesta a la llamada requiere libertad de acción. Aunque la motivación nos inclina a elegir ciertas direcciones sobre otras, no es una causa. La motivación es intrínsecamente buena, como toda la creación de Dios, pero por sí misma no es un camino seguro hacia la santidad, que es nuestra vocación universal. Debe ser bautizada, santificada. Cada persona debe usar su diseño motivacional exclusivo personal para tomar decisiones diarias para orientarse hacia la gloria de Dios.

La motivación tampoco indica exactamente qué estado de vida debe de seguir. No les dice a las personas si deberían casarse o con quién deberían casarse. El llamado universal a la santidad, el estado de vida, las respuestas diarias a los nuevos desafíos y las oportunidades son todas características de la vocación personal en todo su sentido que están influenciadas, pero no determinadas, por el diseño motivacional.

El Patrón está ordenado hacia el amor

Nuestros deseos buscan satisfacción. A menudo expresan el amor de *eros*, que se trata de la realización de lo que las personas carecen. Es *amor basado en las necesidades.*

El patrón de motivación de una persona expresa amor basado en la necesidad, porque es un impulso innato para materializar sus propias potencialidades, es un impulso que incluye necesidades humanas básicas (buscadas a su manera), así como inclinaciones particulares a su propia naturaleza personal. Todos mis hijos buscan comida y ropa para abrigarse con las temperaturas frías de febrero, pero solo Christopher es un gran espectáculo, un show de drama y comedia, que tiene sed de una audiencia para causar risa deslumbrante. Entra en la cocina, gira alrededor de los pilares y ofrece su propia versión de rap, esperando una reacción cordial e instantánea con los miembros de la familia. Christopher necesita respuesta, desesperadamente.

En el corazón de cada criatura hay un profundo anhelo de ser satisfecho según su propia naturaleza. El único ser completo en Sí mismo es Dios. Por el diseño de Dios, cada otra criatura, carece de lo que requiere y busca su propia realización. El patrón personal de motivación orienta a la persona, con un amor basado en las necesidades, a buscar el tipo de satisfacción propia para él o ella.

Al mismo tiempo, el patrón de motivación puede ser un modo de *ágape* o amor de entrega propia. Me refiero nuevamente a mi hijo Christopher y su inclinación al espectáculo. Su exuberante necesidad de atención y compromiso debe ser controlada, pero es inherentemente buena y una fuente de regalo. Recientemente actuó en una obra de teatro musical original y un poco loca de rock and roll, *La Terrible Máquina de Tiempo de Eloise Mortfellow*. Christopher interpretó al joven rey egipcio Tut. Cuando salió al escenario vestido de oro y montado en una camilla, parecía que todos en la audiencia sonreían de oreja a oreja. Mientras terminaba su rap: "Tutankamón, come un kilo de fideos ramen, el rey es un niño, ¡y eso es raro!". La multitud estalló. Nos reímos, aplaudimos, vitoreamos y nos llenamos de orgullo por Christopher y por los otros artistas que se dieron a sí mismos para nuestro deleite.

El diseño motivacional tiene que ver con el amor orientado hacia la realización de uno mismo y los demás. Cuando comenzamos en nuestra juventud débiles y necesitados, el patrón se expresa principalmente en *eros*. Para florecer, Christopher requiere comida, refugio y una abundante risa. Como padre, puedo amarlo no solo al proporcionarle lo básico (junto con una sólida formación educativa y espiritual), sino también al prestar mucha atención a sus actuaciones y responder a ellas con alegría.

El diseño motivacional también está orientado a la satisfacción de los demás, personas que hacen una ofrenda única de sí mismos a Dios y al prójimo. Afortunadamente, Christopher está aprendiendo que su propio patrón de motivación debe ser compartido para glorificar a Dios y edificar a otros. Dado que el diseño motivacional orienta de manera única al corazón y al alma de cada uno, este proporciona el marco a través del cual él puede entregarse, en nombre de otros, en amor *ágape* o amor basado en el regalo.

Por lo tanto, es sumamente importante, que los mentores

comprendan los diseños motivacionales de los jóvenes bajo su cuidado. Hacerlo les permite no solo proporcionarles lo que necesitan de forma personal y exclusiva, sino también cultivarlos eficazmente y ayudarlos a orientar sus motivaciones personales hacia una donación de sí mismos.

LA VOCACIÓN PRIMORDIAL

Comenzamos este capítulo con una cita de San Pablo VI acerca de la conexión entre el diseño de Dios de la persona y la vocación: "En los designios de Dios, cada hombre está llamado a promover su propio progreso, porque la vida de todo hombre es una vocación dada por Dios para una misión concreta. Desde su nacimiento, ha sido dado a todos como en germen, un conjunto de aptitudes y de cualidades para hacerlas fructificar". Si bien San Pablo VI no especifica la motivación, específicamente, esta es una cualidad fundamental de cada persona y de hecho orienta sus aptitudes que se dan "en germen". La joven que exhibe un talento temprano para hablar en público naturalmente se inclina por alguna razón a hablar públicamente. Las aptitudes nunca aparecen estáticamente, sino que emergen con un dinamismo explicado por la motivación central. Ella quizá quiere dar un informe al público o tal vez enfrentar alguna injusticia o simplemente comunicar su concepto. La motivación avala la aptitud natural.

El diseño único de cada persona es ya una especie de vocación primordial. El hecho de que es una estructura dada cuando él o ella es creado representa una dimensión del llamado de Dios. Las personas deben convertirse en lo que ya son. Dios tiene la intención de que lo que se da primero "en germen" se arraigue y florezca. Por lo tanto, después del pasaje con el que comenzamos este capítulo, San Pablo VI continúa diciendo que la maduración de las aptitudes y cualidades de cada uno " permitirá a cada uno orientarse hacia el destino que le ha sido propuesto por el Creador. (*Sobre el Desarrollo de los Pueblos*, no. 15).

El diseño motivacional único representa las semillas de la vocación personal, a lo que ahora nos dedicaremos.

3

VOCACION PERSONAL

La Palabra Irrepetible de Cada Vida

Luke Burgis

"Padre, dame una palabra"

-SALUDO RITUAL DE "LOS QUE BUSCAN"
A LOS PADRES DEL DESIERTO-

A los 38 años, Gianna Molla tenía tres hermosos hijos de tres embarazos difíciles. Era normal para ella tener disfunción intestinal, vómitos excesivos y dolores de parto prolongados.

En 1961, Gianna estaba embarazada de su cuarto y último hijo. Las dificultades comenzaron temprano. En su segundo mes, los médicos descubrieron un fibroma grande, un tipo de tumor, en su útero.

Los doctores le dieron a Gianna tres opciones. Primero, podrían extirpar su útero, una histerectomía. Esto eliminaría el cáncer, pero provocaría la muerte del bebé. Segundo, podrían eliminar la fibrosis y terminar el embarazo por aborto a fin de reducir el riesgo de futuras complicaciones.

Para Gianna, una ferviente católica, el aborto no era una opción porque sería la destrucción deliberada de una vida humana. Tercero, los médicos podrían eliminar quirúrgicamente solo el fibroma y permitir que Gianna continuara con un embarazo de muy alto riesgo.

Gianna eligió la última opción, la extirpación quirúrgica de la fibrosis, aunque eso llevaba el mayor riesgo para su propia vida. Su misión era clara: iba a traer a su hijo al mundo sin importar el costo.

La fecha de Gianna de dar a luz era al comienzo de la Semana Santa de 1962. Debido a la eliminación del tumor al principio del embarazo, hubo una alta probabilidad de complicaciones. Gianna sabía que su vida estaba en peligro. Expresó sus deseos a su familia: "Si deben decidir entre yo o el niño, escojan al niño, no lo duden: elijan al niño. Insisto en esto salven al bebé".

El Viernes Santo, a Gianna se le rompió la fuente. Su esposo Pietro la llevó rápidamente al hospital. Los médicos intentaron sin éxito inducir el parto. El Sábado Santo realizaron una cesárea y dio a luz a una niña sana de 4.5 kilos.

A las pocas horas del nacimiento de su hija, Gianna sufrió unos dolores terribles. Tenía una peritonitis séptica, una infección del revestimiento del abdomen, probablemente como resultado de patógenos que se diseminaron desde el útero durante la cesárea.

El domingo de Pascua, Gianna usó todas sus fuerzas para llevar a su bebé al pecho y besarla. Seis días después, en medio de un intenso sufrimiento, Gianna murió. Ella tenía treinta y nueve años.

¿Por qué Gianna decidió dar su vida por su hija? Ella

tenía otra opción: una histerectomía, si se realiza con la intención de tratar una enfermedad, no es la destrucción deliberada de una vida, incluso si resulta en la pérdida del niño como una consecuencia involuntaria.

La elección de Gianna no era moralmente necesaria. Pero para Gianna Molla, para el "Yo" que solo podía salir de su boca, era necesario. Para ella, la voluntad de Dios no era un ideal abstracto para ser descifrado y pesado: era una respuesta libre de amor, el cumplimiento de su vocación personal en las circunstancias concretas de su vida. Gianna es una santa no porque tomó una decisión que muchos otros no habrían hecho; ella es una santa porque se convirtió en Gianna Molla. Ella permitió que el amor de Dios transformara su vida y cumpliera su capacidad de amar de una manera muy particular. La elección de Gianna fue consecuencia de su fidelidad de vivir su vocación personal.

La vida de Gianna es un despliegue continuo de una llamada. Como pediatra, trabajó para apoyar la vida en sus primeras etapas. Como madre, ella vivió, y murió, para dar la misma vida. El cardenal Carlo Maria Martini, que presidió la causa de canonización de Gianna, dijo que ella era una mujer que vivió toda su vida "como una vocación".

Su esposo, Pietro, dijo que Gianna se sentía obligada por su conciencia a tomar la decisión que tomó. Su conciencia la orientó a nada menos que el cumplimiento de su vocación personal. El Papa Benedicto XVI, al hablar sobre las exigencias de la conciencia, escribió: "Para el hombre, la voluntad de Dios no es una fuerza exterior de origen extranjero, sino la orientación real de su propio ser".[1]

Cada hueso en el cuerpo de Gianna, cada fibra de su ser, la llamaba para nutrir la vida de su hijo. A ella no le importó el costo. Ella captó el significado interno de su vida y nunca lo soltó.

La llamada personal, lo que llamamos vocación personal, es como una clave secreta para el discernimiento. Con ella, podemos ver y responder a cada experiencia en nuestras vidas con una comprensión de la forma en que Jesús nos llama a seguirlo *personalmente*.

La vocación personal de Gianna no se reveló solamente al final de su vida, en su heroico acto de autosacrificio. Tampoco fue "descubierta" cuando se convirtió en pediatra y luego en madre. Más bien, esa es la razón por la que se convirtió en pediatra y madre. La vocación personal es el hilo que recorre toda una vida de principio a fin.

Los restos de Santa Gianna Molla residen en un pequeño cementerio de la parroquia en Mesero, Italia, cerca de Milán. El epitafio en su tumba dice: Ha offerto l'olocausto della sua vita alla sua maternità ("Ella ofreció el holocausto de su vida a su maternidad"). En estas últimas palabras, se revela el *logos,* la verdad y el orden de la vida de Gianna. Ella le dio todo a su vocación de madre porque eso es lo que se le pidió que viviera su vocación personal para proteger y nutrir toda la vida.

Cada vida lleva una "palabra" irrepetible -un significado profundo- dentro de ella. ¿Pero alguna vez se hablará

[1] Joseph Ratzinger God Is Near Us: The Eucharist, the Heart of Life, ed. Stephan Otto Horn and Vinzenz Pfnür, trans. Henry Taylor (San Francisco: Ignatius Press, 2003), 104.

esa palabra? Este es nuestro trabajo y el trabajo de cada padre, entrenador y educador cristiano (y todos los mentores). Tenemos la responsabilidad de ayudar a cultivar las vocaciones personales de los demás. Juan Pablo II dice: Esta vocación y misión personal define la dignidad y la responsabilidad de cada fiel laico y constituye el punto de apoyo de toda la obra formativa,".[2]

Para escuchar los murmullos de la palabra irrepetible de cada vida, tenemos que volver al principio. "En el principio existía la Palabra", escribe San Juan, y "todo se hizo por ella y sin ella no se hizo nada." (Juan 1: 1, 3).

EL MOVIMIENTO CIRCULAR DE LA VOCACIÓN

"El *exitus* [que sale], o más bien el acto de creación libre de Dios, de hecho, está ordenado hacia el *reditus* [retorno]. . . La criatura, existiendo por derecho propio, vuelve a casa, y este acto es una respuesta en libertad para el amor de Dios".

– CARDINAL JOSEPH RATZINGER (PAPA BENEDICTO XVI)–
El Espíritu de la Liturgia

¿Sabías que los bebés balbucean todos los idiomas posibles? Balbucean todos los fonemas, de todas las familias de idiomas, tan pronto como pueden emitir sonidos que no sean el llanto.

Los bebés se crean con la capacidad de hablar, con el

---

[2] Papa Juan Pablo II, Exhortación Apostólica postsinodal sobre la vocación y la misión de los fieles laicos *Christifideles laici* (30 de diciembre de 1988), §58, disponible en vatican.va (en adelante se citará como CL)

potencial de decir todas las palabras posibles. Sin embargo, solo una palabra realmente importa. Es una palabra que simplemente no la pueden contener: Mamá. Al principio, mamá es el *logos*, todo el significado de la vida de un bebé.

Hay una paradoja vibrante aquí. La capacidad del niño para comunicarse y expresarse bien es una función de sus limitaciones. Si a una bebita no se le da una dirección para desarrollar su capacidad de expresión -los límites de una cultura, y la decisión de sus padres de no enseñarle los otros 7,000 idiomas vivos en el mundo- ella se pasará balbuceando toda su vida. Pero a medida que aprende a hablar el grupo de palabras que son esenciales para ella, comienza el dialogo.

Es el comienzo del diálogo que durará toda su vida. El *Logos* crea diálogos y, por lo tanto, comunicación y comunión con otros. Y el diálogo más importante en el que entramos es con Dios; El quien es el *Logos*, la verdadera Palabra, en la cual todas las otras palabras encuentran su significado.

En su Exhortación apostólica post sinodal sobre la Palabra de Dios, el Papa Benedicto XVI escribe:

> En esta visión, cada hombre se presenta como el des-tinatario de la Palabra, interpelado y llamado a entrar en este diálogo de amor mediante su respuesta libre. Dios nos ha hecho a cada uno capaces de *escuchar y responder* a la Palabra divina. El hombre ha sido creado en la Palabra y vive en ella; no se entiende a sí mismo si no se abre a este diálogo.[3]

---

[3] Benedicto XVI, Exhortación Apostólica postsinodal sobre la Palabra de Dios en la vida y misión de la Iglesia *Verbum Domini*, §22, disponible en vatican.va (en adelante se citará como VD).

Los primeros tres capítulos de Génesis, cuando se leen junto con el prólogo del Evangelio de Juan, presentan una visión *logo-céntrica* de la creación. Esto es esencial para comprender la vocación. Dios creó todo a través de Su Palabra, Jesucristo. Cada criatura, cada una hablada a la existencia con una palabra única: une su voz en una gran sinfonía de voces que hablan una sola palabra. San Buenaventura escribió: "Toda criatura es una palabra de Dios, ya que proclama a Dios".

Comenzamos nuestras vidas balbuceando cada palabra posible. Luego, tomamos decisiones que nos mueven en una dirección determinada. Nuestro movimiento en este gran baile con el Creador da forma y significado a nuestras vidas. Comenzamos a aprender la Palabra singular que nos llamó a la existencia y continúa llamándonos de regreso al Padre. Ese *logos* se convierte en la base de nuestro diálogo con Dios.

Los Padres de la Iglesia, especialmente San Ireneo, hablaron de un *exitus-reditus,* un ""salir" y "regresar" de todas las cosas creadas a su origen. Toda la creación salió de Dios; toda la creación es llamada nuevamente a Él. Tomás de Aquino, retomando la misma idea, usa la imagen de los ríos que regresan a su fuente. Todo el arco de la historia de la salvación: Creación, Caída, Redención, Restauración, es un retorno de todas las cosas al Padre.

Con esta visión, podemos ver que la parábola del hijo pródigo no es solo la historia de un hijo que regresa con su padre, anticipa toda la creación regresando al Padre. El hijo, despertado a su verdadera vocación, "volvió en sí". Luego, entró libremente en la corriente del *reditus* de regreso a la casa de su Padre.

El Papa Benedicto escribe sobre el papel de las decisiones libres en la configuración de nuestro regreso al Padre:

> Esta Palabra llama a cada uno personalmente, manifestando así que la vida misma es vocación en relación con Dios. Esto quiere decir que, cuanto más ahondemos en nuestra relación personal con el Señor Jesús, tanto más nos daremos cuenta de que Él nos llama a la santidad mediante opciones definitivas, con las cuales nuestra vida corresponde a su amor. (VD §77)

La vocación es un movimiento circular porque es un retorno al Padre, un retorno al *Logos* original a través del cual y para el que fuimos creados.

Es el tipo de movimiento que G. K. Chesterton describe al principio de su libro, *El Hombre Eterno*: "Hay dos caminos para llegar a casa; y uno de ellos es permanecer allí dónde estás. El otro es caminar alrededor del mundo hasta que regresemos al mismo lugar".

El lugar es el mismo, pero la persona no. El viaje te transforma.

Modelo Dinámico de Vocación Personal
El viaje de una persona

En el Modelo Dinámico de Vocación (MDDV), una persona *sale* del centro (el núcleo de su ser) y llega a las periferias. Cruza los límites externos y se encuentra a sí mismo en casa.

Hay ciertos límites dentro de su "naturaleza creada" que debe tener en cuenta (los límites de su "Espacio de Acción"), o una dirección general que debe tomar en su viaje hacia la periferia. El orden en que llega a diferentes niveles de su vocación puede ser diferente (por ejemplo, puede casarse antes de aceptar un determinado tipo de trabajo), pero el movimiento es el mismo: comienza en el centro y se mueve hacia afuera en el Espacio de Acción.

En realidad, no es un viaje bidimensional. Pero el modelo ilustra la realidad de la vocación personal como algo arraigado en el núcleo de nuestro ser, que nos lleva hacia afuera en el movimiento de *reditus*. El MDDV no significa que una persona simplemente desarrolla su naturaleza creada; significa que una persona *responde al llamado de Dios* de una manera completamente personal. Déjame explicarte con un ejemplo.

Mi amigo Tony tiene un espíritu gregario y ama estar al aire libre. Estaba emocionado de hacer viajes de snowboard al Lago Big Bear, en el sur de California, donde insistía en ser una de las primeras personas en la montaña (lo que significaba que tendríamos que irnos a las cinco de la mañana) para poder encontrar pistas frescas. Además, él está muy motivado para experimentar y vivir sus ideales, para dar una expresión concreta a la visión y a los valores que le importan. Es alérgico a los cacahuetes y a las personas que hablan de trivialidades o comienzan conversaciones hablando sobre el clima, y tiene un gran apetito por el riesgo y a las aventuras: en un viaje de vacaciones de primavera, fue el primero en saltar de una roca al océano. Es su Diseño Creado.

Sin embargo, Tony trabajaba en una oficina de contabilidad donde ponían música de "consultorio" estilo Muzak, a todo volumen, todos los días. Él trabajaba con números abstractos para corporaciones abstractas (algunas de esas corporaciones solo existían en papel). Él se sentía. Debido a que había una desalineación con sus valores centrales y su forma de ser, su lado oscuro comenzó a emerger para poder enfrentarlo. Tony iba al bar todas las noches, bebía tres o cuatro bebidas e imaginaba un futuro mejor. Se despertaba a la mañana siguiente con un dolor de cabeza para volver a repetir lo mismo cada día. En algún momento del día, su novia (de secundaria) lo llamaba y le hablaba de trivialidades, diciéndole que lo tomara un día a la vez y le repetía cosas que había escuchado en el programa de televisión *Las Chicas Gilmore.*

Después de una semana agotadora en la oficina, Tony conducía a lo largo de la Pacific Coast Highway en California cuando de repente se sorprendió por la belleza de la puesta de sol. Estacionó su automóvil, caminó hacia la playa arenosa y se quitó los zapatos. Era una fría noche de octubre. Después de unos minutos, sintió el impulso de meterse en el agua. Y entonces Tony se quitó la corbata y se metió directamente en el agua fría con su traje a rayas hasta que estuvo a la altura de la cintura. Dejó que las olas lo cubrieran y lloró.

Tony describe hoy esa experiencia como "la gracia de Dios lavándole", literalmente. Al día siguiente, renunció a su trabajo y fue a una misa entre semana por primera vez en su vida.

En el transcurso del año siguiente, Tony regresó a Dakota del Sur, cerca de la ciudad donde creció y comenzó un negocio de fabricación de muebles de madera. Dirigió talleres para niños de la localidad para promover las artesanías que estaban desapareciendo. Él se casó con una maestra de inglés de la escuela secundaria local, que le habló directamente y con la verdad. No podía mirarla sin pensar qué madre tan bella sería. Él me explicó: "Nunca pensé que lo que más me atraería de una mujer sería su futura maternidad".

En la historia de Tony, vemos el movimiento hacia afuera de un diseño creado que lo llevó a su viaje vocacional, a través de su manera única de responder a la gracia de

Dios. Su trayectoria fue moldeada por su personalidad, su motivación central y las circunstancias únicas de su vida. No fue llevado *simplemente* al matrimonio, un estado civil en la vida, sino que se orientó hacia un tipo específico de cónyuge con el que podría construir una familia sana y feliz. Su motivación para dar *expresión concreta* a ideas y valores encontró una salida en su carpintería, un viejo oficio que su padre le había enseñado y que estaba enterrado bajo años de condicionamiento corporativo.

El año pasado, Tony y Cecilia tuvieron su primer hijo y Tony terminó de renovar su nuevo hogar. Su viaje de vocación es muy diferente al mío (¡me cuesta mucho trabajo armar cosas sencillas de Ikea!) Pero es su camino personal hacia la santidad.

Alguien en el viaje de *reditus* es como un hombre que sale de su casa en un pueblo al pie de una montaña, buscando el lugar que su corazón anhela. Este lugar está en su mente, pero no lo ve en ningún lugar a su alrededor. Sin embargo, cuando levanta la vista hacia la cima de la montaña, piensa: "Debe estar allí".

Empieza a subir por la montaña, no en un sendero de zigzag, sino en un sendero circular que rodea la montaña una y otra vez. Es un ascenso lento y gradual.

Él pierde de vista su hogar cada vez que se encuentra en el otro lado de la montaña.

Cuando está en el lado de la montaña más cercano desde donde salió, puede ver su casa. En la mayoría de las vueltas, no se ve más grande o más pequeña que la última vez que pasó. A veces, siente que está descendiendo en lugar de ascender. Pero él continúa caminando.

Finalmente, llega a la cima de la montaña, cansado y agotado. Es monótono el camino de dar vuelta tras vuelta para subir la montaña. Se sienta en una roca y mira el pueblo de donde vino. Desde allí, ve con claridad que el lugar desde donde el partió era en realidad el lugar que había estado buscando todo el tiempo.

Sin embargo, en su subida a la montaña, él tuvo un cambio. Nunca habría conocido su verdadero hogar, ni lo habría apreciado, ni habría elegido libremente vivir en él, si no hubiese emprendido el viaje.

BREVE HISTORIA DE LA VOCACIÓN

"Pues él habló y así fue, él lo mandó y se hizo"

–SALMO 33: 9–

Dios creó todo el universo con nuestras vocaciones en mente. La idea de la vocación personal no es un invento de Martín Lutero, del Concilio Vaticano II, de Juan Pablo II, ni de Joshua, ni mío. Es la historia de la creación misma, la aventura del *exitus-reditus*: nuestro viaje de regreso al Padre. Tiene tres etapas principales: Creación, Confusión y Convergencia.

Creación

La historia de la vocación comienza con la creación. El verbo hebreo que describe el trabajo creativo de Dios en los primeros capítulos del Génesis es *bara*, una palabra que siempre tiene a Dios como sujeto. Solo Dios puede crear algo de la nada. Él crea con su discurso: "Dijo Dios: 'Haya luz', y hubo luz". (Gen 1: 3).

Dios habló a cada criatura a la existencia con una palabra única que hace eco en su ser por toda la eternidad, llamándola hacia el propósito para el que fue creada. Toda criatura recibe su ser en vista de un papel concreto. Cuando Dios crea, Él llama.

En el Nuevo Testamento, la palabra griega para "llamar" es *klésis*, que, como *bara*, se refiere a un acto divino que siempre es eficaz. La creación y el llamado están insepara-blemente unidos. Dios crea al llamar. Podríamos decir que cuando Dios creó, llamó al universo a la existencia. El Dios que nos llama es el mismo Dios que nos creó, y nos llama según su designio. En el caso de las personas, ese diseño es la *imago Dei*, la imagen de Dios.

Cada "imagen de Dios" es única e irrepetible. Debido a que la *imago Dei* es la base de la dignidad humana, y porque reconocemos que todas las personas tienen la misma dignidad, es común pensar en la imagen de Dios como una *semejanza* abstracta en cada persona (como si pudiéramos eliminar las cosas extrañas para encontrar el mismo molde, la "imagen de Dios", escondida debajo de cada persona). Nuestra sociedad tiende a equiparar igualdad con semejanza.

La verdad es que cada persona es una imagen totalmente irrepetible de Dios, llamada desde el principio para "reproducir la imagen de su Hijo" (Rom 8:29). Con "reproducir", San Pablo no quiere decir que cada persona será la imagen del Hijo, sino que cada persona asumiría la figura, la "forma" de Jesucristo, para que cada persona pueda ser parte de Su Cuerpo.

Confusión

Cuando Dios creó al hombre en Su propia imagen, le dio una vocación en el mismo aliento: "Sean fecundos y multiplíquense, y llenen la tierra y sométanla; manden en los peces del mar y en las aves del cielo y en todo animal que repta sobre la tierra." (Gen 1:28).

¿Alguna vez has escuchado a alguien decir que su vocación en la vida es ser fértil y multiplicarse, para llenar la tierra y someterla, y para gobernar sobre los peces del mar y las aves del cielo? Probablemente no.

Pero esto no significa que la vocación primordial en Génesis no forme parte de ninguna vocación. Más bien, nos señala a dos realidades importantes: Primero, que Dios reveló en la historia, gradualmente, el pleno significado de la vocación; y segundo, que cada persona es llamada a una vocación personal tan radicalmente única que cualquier otra vocación -matrimonio, familia, sacerdocio, trabajo, multiplicación y sometimiento de la tierra- no compite con ella, sino que *subsiste* en ella.

La palabra "subsiste" significa que todas las formas en que Dios llama a una persona-a un estado de vida, a un tipo particular de trabajo, a la santidad- encuentran su significado en la única vocación personal recibida de Dios en el acto de la creación. No hay más múltiples vocaciones tanto que no hay múltiples cuerpos de Cristo. Hay una persona, llamada a una unidad de vida y amor.

Sin embargo, las personas usan la palabra "vocación"

de muchas maneras diferentes, para referirse a diferentes aspectos de la vocación. La "vocación personal" es el espíritu que anima a todas las vocaciones: la forma en que se viven. La vocación personal no se sienta junto a ellos: está antes, después, arriba y debajo de ellos.

Cuando describo la vocación personal, algunos católicos me detienen de inmediato y me dicen: "Oh, estás hablando de la 'vocación pequeña', no de la 'gran V'". Por lo general, se refieren a la vocación "gran V" (la vocación más importante, presumiblemente, porque es grande) al "estado en la vida", mientras que "pequeña v" es un deber más específico dentro de la vocación. ¡Esto no es lo que estamos diciendo! En primer lugar, es reduccionista y confunde al bifurcar la vocación en dos niveles: "pequeña v" y "gran V." Esto implica que realmente hay dos vocaciones, una más importante que la otra, o, en el mejor de los casos, una vivida "dentro" de o "después" de la otra y destruye la unidad de la vida que lo lleva a uno por el camino de la vocación en primer lugar. Dios llama a la *persona completa*, no a la "gran persona" y a la "pequeña persona". Nuevamente, la vocación personal es la llamada fundamental que llega a lo más profundo del corazón de la persona, sin la cual cada otra llamada es incomprensible.

Es útil entender todas las formas en que las personas usan la palabra "vocación". Estas son las formas más comunes en que se usa la palabra:

Vocación como Ser. El Papa Juan Pablo II dijo: "Toda vida

es una vocación".[4] Toda la realidad creada por Dios tiene una vocación eterna, incluso el sol y las estrellas, porque la redención de Dios se extiende a toda la materia. Nada se crea sin un propósito. Desde el primer momento de su existencia, cada cosa tiene un "fin" al que es llamado. El aborto siempre es la pérdida de una vocación: la pérdida de una vida única, irrepetible, destinada a manifestar la gloria de Dios de una manera singular. Esa vida es destruida en el vientre por un adulto que no puede ver a una persona, mucho menos una vocación. Nada se llama a la existencia sin una vocación.

Vocación como autorrealización. En el mundo secular, el concepto de autorrealización, o el logro de un potencial completo, frecuentemente se expresa en términos vocacionales. Es parte de la psique estadounidense, del lema del Ejército de Estados Unidos, "Sé todo lo que puedes ser", al ideal del "hombre hecho por sí mismo", personificado en algún momento por John D. Rockefeller. Hay verdad en la auto-realización en la medida en que, en nuestra libertad creativa, tenemos el poder de dar forma a nuestras vidas dentro de ciertos límites. Pero esta idea individualista de realización carece de todo sentido de comunión, de amor y del fin sobrenatural al que se nos llama.

Vocación como el Llamado Universal a la Santidad. Todos los bautizados estamos llamados a ser santos. En cada estado

---

4   *Papa Juan Pablo II, Discurso en la Jornada Mundial de la Juventud, 2001*

de la vida, Dios llama a las personas a vivir el heroísmo de la vida ordinaria, realizando todas sus acciones con amor. Esto las hace extraordinarias. En 1930, el Papa Pío XI escribió:

> "O sea, que todos, cualesquiera que sean su condición y el género honesto de vida que lleven, pueden y deben imitar ese ejemplo absoluto de santidad propuesto por Dios a los hombres, que es Cristo Nuestro Señor, y, con la ayuda de Dios, llegar incluso a la más alta cima de la perfección cristiana, como atestigua el ejemplo de muchos santos.[5]

La vocación como estado de vida. Este es el uso más común de la palabra "vocación" entre los católicos. Se refiere a cuatro estados tradicionales en la vida: matrimonio, sacerdocio, vida religiosa o vida soltera. Sin duda, estos compromisos básicos en la vida orientan y ponen límites a las acciones de cada uno en el mundo (de la mejor manera posible): son la formas de amar con los que camina una persona durante su vida. Un hombre casado puede mirar el rostro de su esposa y pensar: "Ella es mi camino al cielo". Un sacerdote podría pensar lo mismo cuando reza con su breviario, celebra la Santa Misa o escucha a un penitente sentado frente a él en el confesionario. Pero "estado de vida" no constituye la totalidad de una vocación. Es simplemente el "estado" en el que uno está llamado a vivir y amar.

[5] Papa Pio XI, Encíclica sobre el Matrimonio Cristiano *Casti Connubbii*, (31 de Diciembre, 1930), §23. http://www.corazones.org/doc/casti_connubii.htm

Vocación como trabajo o tarea. Muchas personas se sienten llamadas a dedicarse a un trabajo, tarea o ministerio específico. Esto ciertamente puede ser parte del llamado de Dios. Sin embargo, es peligroso asociar la vocación con el hacer.

A principios del siglo XX, el sociólogo Max Weber popularizó la idea de que la ética del trabajo protestante fue la virtud que empujó al capitalismo. Karl Barth, el gran teólogo reformador, rechazó fuertemente esta noción, advirtiendo que la identificación de la "vocación" con la "profesión" podría conducir fácilmente a la secularización. Él estaba en lo correcto. El trabajo se convierte en un camino hacia la santidad solo cuando mantiene su "horizonte vertical", contribuyendo no solo a la mejoría del mundo material, sino también a la santificación del mundo.

Si el conductor de una grúa -incluso si no tiene conocimiento de una "llamada" particular para ser un conductor de grúa- puede santificar su trabajo haciéndolo con amor, entonces adquiere un valor salvífico y redentor, más allá del valor del automóvil que está remolcando. Si te han remolcado tu automóvil recientemente, puedes pensar que eso es imposible... Pero te aseguro que hay un conductor de grúa que reza por cada persona cuyo coche él remolca y pone e invierte tanto amor en su trabajo, que lo hace para apoyar a su familia que está creciendo, que se está convirtiendo en santo. Y cuando llega a casa cansado por la noche y toma una cerveza con su esposa, Dios se deleita en él.

Estos sentidos de la vocación han competido por un puesto importante a lo largo de los años. En la Sagrada

Escritura, parecería que solo unas pocas personas fueron llamadas por Dios a alguna tarea específica: los profetas, los jueces, Moisés y algunos otros "elegidos". ¿Qué hay de los demás? Aquí tenemos que hacer una distinción crítica entre una llamada objetiva del Creador y la *conciencia subjetiva* de esa llamada. Todos han sido llamados a una vocación personal en el acto mismo de la creación, pero no todos son plenamente conscientes de lo que realmente es esa vocación. Y eso está bien. Porque incluso cuando no sabemos cómo decir la palabra en el centro de nuestra alma, el Espíritu Santo sí.

San Pablo en su carta a los Romanos escribe: "El Espíritu viene en ayuda de nuestra flaqueza. Pues nosotros no sabemos pedir como conviene; más el Espíritu mismo intercede por nosotros con gemidos inefables". (Rom 8:26).

En los Evangelios, Jesús tiene claramente una vocación personal. Su vocación no es "la vida de soltero" o "carpintería": estas son las categorías reduccionistas que podríamos asignar a un solo carpintero hoy en día. El Padre Herbert Alphonso, S.J., creía que la vocación personal de Jesús se podía resumir en una sola palabra, *"abba"*, que significa Su relación con el Padre. Germaine Grisez y Russell Shaw sugieren que la vocación personal de Jesús fue "salvador". Creo que su vocación personal en la tierra era algo más concreto, algo que contiene ambas cosas: la Cruz. Todos los Evangelios se leen con un movimiento hacia la Cruz, la culminación de su obra como "salvador". Y es en la Cruz donde Jesús pronuncia la palabra *"abba"* por última vez. Él estaba en la Cruz porque estaba cumpliendo la voluntad de su Padre. La Cruz es el lente a través de la cual podemos entender toda su vida. En otras palabras, su vocación personal.

Para San Pablo, el concepto de la vocación personal está basado en la doctrina de los carismas y la Iglesia como el Cuerpo de Cristo:

> Pues, así como nuestro cuerpo, en su unidad, posee muchos miembros, y no desempeñan todos los miembros la misma función, así también nosotros, siendo muchos, no formamos más que un solo cuerpo en Cristo, siendo los unos para los otros miembros. Pero teniendo dones diferentes, según la gracia que nos ha sido dada, si es el don de profecía, ejerzámoslo en la medida de nuestra fe. (Rom 12: 4-6).

En la iglesia primitiva, el llamado al bautismo fue central para la comprensión de la vocación. Cada persona fue llamada a la "obediencia de la fe", siguiendo a Cristo en las circunstancias personales de su vida. Esto llevó al martirio de muchos. En la *Epístola a Diogneto*, una carta bellísima, que defiende la cristiandad escrita por un autor desconocido en los primeros siglos después de Cristo está escrito: "El cristiano es para el mundo lo que el alma es para el cuerpo". En la manera que vivieron sus vidas, los cristianos dieron una "forma" parecida a Cristo a la sociedad pagana en la que vivían.

En los siglos que siguieron, las diferencias entre los "estados en la vida" comenzaron a enfatizarse. Esto coincidió con el nacimiento del monasticismo, con su líder San Antonio del Desierto (356 DC.) y San Benito de Nursia (547 DC). Se pensaba que el sacerdote, el monje o los religiosos estaban en el camino de la perfección cristiana, mientras que los que permanecían "en el mundo" se conformaban con algo menos que la santidad. Desafortunadamente, esta dicotomía persistió a lo largo de la Edad Media hasta la Reforma Protestante.

Martin Lutero creía que cada persona estaba llamada a vivir su vocación en el mundo, en medio del trabajo y la familia. Durante la Reforma, hubo una afirmación de la vida ordinaria. Según Lutero, el tejido de las vidas individuales constituía el "conocimiento de la fe en el que todos los santos son instruidos, cada uno en su propia vocación".[6] Con su fuerte polémica, Lutero tomó un ariete contra las vocaciones jerárquicamente estructuradas y puso un énfasis exclusivo en la vocación personal de cada persona en el mundo.

Hubo un gran problema. Como Lutero rechazó todas las formas de mediación en el mundo espiritual (y con ello, el sacerdocio y la vida religiosa), la Iglesia Católica reaccionó contra él enfatizando el papel crítico de las vocaciones al sacerdocio y la vida religiosa. Como consecuencia, en los siglos posteriores a la Reforma, la palabra "vocación" llegó a asociarse casi exclusivamente con "estado en la vida" en la mente de muchos católicos. En algunos casos, los católicos lo usan para referirse solo al sacerdocio y la vida religiosa. Lamentablemente, esto todavía sucede hoy. Cuando un sacerdote católico implora a las personas a orar por un "aumento en las vocaciones", la mayoría piensa que

---

[6] Martin Luther, "El juicio de Martín Lutero sobre los votos monásticos, 1521", en Luther's Works, ed. Pelikan y Lehmann, edición estadounidense, 55 vols. (St. Louis: Concordia and Fortress, 1955-86), 44: 269.

lo que realmente quiere decir es rezar por un aumento de sacerdotes y religiosos. Esta es una forma empobrecida de mirar a la vocación.

Existe una necesidad urgente de una fuerte y bien desarrollada teología de la vocación, que tome en serio el llamado personal de cada miembro del Cuerpo de Cristo como algo único y necesario en el plan de Dios, al mismo tiempo que reconozca que Dios llama a ciertas personas a diferentes roles jerárquicos dentro de la Iglesia.

Afortunadamente, en los últimos sesenta años, hemos comenzado a ver cómo convergen las numerosas corrientes vocacionales en la abundante realidad que llamamos "vocación personal".

Convergencia

En los años antes del Concilio Vaticano II, muchas voces proféticas percibieron la importancia de la vocación personal. San Ignacio de Loyola, San Francisco de Sales y el sacerdote Jean-Pierre de Caussade, S.J., cada uno enfatizó la primacía del llamado de Dios en el discernimiento personal. En el siglo XX, San Josemaría Escrivá entendió la realidad de la vocación personal como algo arraigado en nuestro ser, que ilumina todas nuestras decisiones. *En su libro, Es Cristo que Pasa, escribió:*

> La vocación enciende una luz que nos hace reconocer el sentido de nuestra existencia. Es convencerse, con el resplandor de la fe, del porqué de nuestra realidad terrena. Nuestra vida, la presente, la pasada y la que

vendrá, cobra un relieve nuevo, una profundidad que antes no sospechábamos. Todos los sucesos y acontecimientos ocupan ahora su verdadero sitio: entendemos adónde quiere conducirnos el Señor, y nos sentimos como arrollados por ese encargo que se nos confía.[7]

El Concilio Vaticano II hizo explicitas las enseñanzas sobre la vocación personal, especialmente en su documento *Lumen Gentium*, la Constitución Dogmática sobre la Iglesia. Los Padres del Concilio escribieron: "Es, pues, completamente claro que todos los fieles, de cualquier estado o condición, están llamados a la plenitud de la vida cristiana y a la perfección de la caridad, y esta santidad suscita un nivel de vida más humano incluso en la sociedad terrena. En el logro de esta perfección empeñen los fieles las fuerzas recibidas según la medida de la donación de Cristo, a fin de que, siguiendo sus huellas y hechos conformes a su imagen, obedeciendo en todo a la voluntad del Padre, se entreguen con toda su alma a la gloria de Dios y al servicio del prójimo. Así, la santidad del Pueblo de Dios producirá abundantes frutos, como brillantemente lo demuestra la historia de la Iglesia con la vida de tantos santos."[8]

Cada Papa desde el Concilio Vaticano II ha hablado a su manera sobre la realidad de la vocación personal. Tal vez

---

[7] Josemaría Escrivá, Cristo está pasando, no. 45. Se puede leer en: http://www.librosopusdei.com/wp-content/uploads/2011/03/cristo_que_pasa.pdf

[8] Concilio Vaticano II, Constitución Dogmática sobre la Iglesia *Lumen Gentium* (21 de noviembre de 1964), §40

ninguno lo hizo con más fuerza que el papa Juan Pablo II. Antes de convertirse en Papa, escribió en su libro *Amor y Responsabilidad* que "la 'vocación' indica que existe una dirección apropiada del desarrollo de cada persona mediante el compromiso de toda su vida al servicio de ciertos valores".[9]

En su encíclica, *Sobre el Redentor del Hombre*, el Papa Juan Pablo II llama a cada persona "el camino para la Iglesia", cada una con una manera única e irrepetible de unirse al Señor (RH §14). En muchos otros lugares (*Christifideles Laici, Pastores Dabo Vobis,* y otros) él establece una visión solida de la responsabilidad que cada miembro de la iglesia cristiana tiene para cultivar su propia vocación personal y para ayudar a otros a hacer lo mismo.

El Papa Benedicto XVI tuvo tal fidelidad a su vocación personal que pudo renunciar al papado cuando se convenció de que abdicar era lo que el Señor lo estaba llamando personalmente a hacer, incluso cuando ningún Papa en más de seiscientos años había hecho lo mismo.

En sus escritos, el Papa Benedicto escribió acerca de por qué la relación entre los laicos y el clero es esencial para el desarrollo de las vocaciones personales:

Todo hombre lleva en sí mismo un proyecto de Dios, una vocación personal, una idea personal de Dios sobre lo que está llamado a hacer en la historia para construir su Iglesia, templo vivo de su presencia. Y la misión del sacerdote consiste sobre todo en

---

[9] Karol Wojtyla, *Amor y Responsabilidad*, trad. Grzegorz Ignatik (Boston: Pauline Books & Media, 2013), 242.

despertar esta conciencia, en ayudar a descubrir la vocación personal, el proyecto de Dios para cada uno de nosotros.[10]

Estamos unidos en nuestro llamado común a construir la Iglesia, el Cuerpo de Cristo, en cualquiera de los caminos que Dios nos haya llamado.

LOS ELEMENTOS COMUNES DE CADA VOCACIÓN CRISTIANA

"¿Alguna vez se te ha ocurrido que cien pianos, todos afinados con la misma horquilla, están automáticamente afinados el uno al otro?"

–A.W. TOZER–
La búsqueda de Dios:
La sed humana por lo divino

Las orquestas siempre sintonizan con la nota "La". En la gran sinfonía del ser, cada criatura, cada una con su propia voz, está sintonizada con Cristo. Toda vocación personal tiene sus raíces en las siguientes seis dimensiones de la vocación cristiana:

Trinitaria. La dimensión trinitaria de la vocación, recibida en el Bautismo, permite a una persona regresar al Padre, en el Hijo, a través del Espíritu Santo, en el movimiento del *reditus.*

---

[10] Papa Benedicto XVI, Visita pastoral a la Parroquia de Santa Felicidad y sus hijos, mártires, quinto domingo de Cuaresma (25 de marzo de 2007), disponible en vatican.va.

Apostólica. Toda vocación tiene una dimensión apostólica y misionera de transmitir la fe, dar a conocer a otros la realidad del amor Trinitario y cultivar las vocaciones personales únicas de los demás para edificar el Cuerpo de Cristo.

Cristianización del Cosmos. Las personas humanas son la voz de toda la creación. En nuestro papel sacerdotal como cristianos bautizados, ofrecemos una realidad creada al Padre y le damos una forma cristológica al mundo. Para aquellos que trabajan en los negocios, su escritorio es un altar. Para aquellos que trabajan en una granja, el suelo es el lugar de la ofrenda.

Soteriológica. Toda vocación es salvadora en la medida en que es una cooperación con Cristo en la redención del mundo. Una vocación es la llamada única de una persona a contribuir, con su vida, en el regreso de todo al Padre, ofreciendo su vida como un sacrificio agradable a Dios, completando "lo que falta en las tribulaciones de Cristo en mi carne, en favor de su cuerpo, que es la Iglesia" (Col 1:24).

Eclesial Toda vocación se vive en la Iglesia y edifica el Cuerpo de Cristo. Para un católico, una vocación se nutre de los sacramentos, especialmente la Eucaristía. Dado que una vocación no es solo acerca de la autorrealización, sino también el bien de todo el Cuerpo nunca puede discernirse únicamente como un individuo, separada del Cuerpo.

La *Tria Munera.* Refiriéndose al ministerio triple de cada cristiano como sacerdote, profeta y rey, la dimensión final de la vocación es la *Tria Munera*. Como sacerdotes, nosotros ofrecemos toda la creación al Padre, con el Hijo, en el Espíritu Santo. Como profetas, llevamos la verdad de Dios al mundo. Como reyes, estamos llamados a gobernar nuestras vidas (y familias) al dirigir todo hacia Dios (CIC 783-786).

LLAMADO AL AMOR AUTÉNTICO

El amor, no te traicionará,
consternará o te esclavizará, te liberará.
Sé más como el hombre que fuiste hecho para ser

-MUMFORD E HIJOS-

"Ya no suspires"

La vocación personal es una realidad tan rica que ninguna definición o significado único puede resumirla por completo. Es la forma en que cada persona fue creada exclusivamente y llamada a dar y recibir amor en el mundo. Nos da la libertad de amar a los demás con todo nuestro corazón, toda nuestra mente y todas nuestras fuerzas. Es nuestra manera auténtica y personal de amar a Dios y al prójimo, e ilumina nuestro camino de regreso al Padre en todos sus estados y formas.

Según el Padre Herbert Alphonso, S.J., hay tres aspectos centrales de la vocación personal:

Unión personal con Cristo

Toda vocación personal encuentra su significado pleno en Jesucristo, el *Logos* a través de quien todas las cosas fueron creadas. Cada persona ve el rostro de Jesús de una manera personal, y cada uno se une a Él de una manera que ninguna otra persona lo ha hecho o lo hará alguna vez. Eso es porque solo nuestro yo auténtico puede unirse a la persona de Jesús. Él nos quiere, el verdadero nosotros, y no nuestras ilusiones o fantasías sobre quiénes somos. Somos mucho más únicos que nuestras fantasías.

El Papa Juan Pablo II, en su encíclica *Sobre el Redentor del Hombre*, habla sobre lo que cada persona debe hacer para que esta unión personal tenga lugar:

[Cada persona]debe por decirlo así, entrar en Él con todo su ser, debe «apropiarse» y asimilar toda la realidad de la Encarnación y de la Redención para encontrarse a sí mismo. Si se actúa en él este hondo proceso, entonces él da frutos no sólo de adoración a Dios, sino también de profunda maravilla de sí mismo. (RH §10)

Hay muchas maneras de hacer esto, pero todas comienzan cuando se toman en serio todas las partes de su ser: sus fortalezas, debilidades, esperanzas, sueños, temores, ansiedades y alegrías.

Cuando tenía veintitantos años, me alejé de mi trabajo como emprendedor para estar completamente abierto a la posibilidad del sacerdocio. Durante mis primeros días de formación en el seminario, un director de retiros nos preguntó: "¿Quién es Jesús para ti?" Me resistí porque pensaba que era subjetiva la idea de un Jesús personal. Mi primer pensamiento fue, "¡Jesús es Jesús! Él es quien Es". Y eso es verdad. Pero en mi vanidad, en mi intento de rechazar cualquier cosa que oliera a relativismo, me estaba perdiendo el punto importante.

El Señor resucitado *tiene una relación* totalmente única con cada persona bautizada en el mundo. Cada uno podemos decir, verdaderamente, "Mi Jesús es así." Debido a que nuestra unión con el Señor es irrepetible y única, vemos un cierto lado de Jesús que otros no han experimentado, fruto del vínculo personal de amor que compartimos.

Todo cristiano bautizado tiene la responsabilidad de manifestar, al resto de la creación, ese aspecto de la perso- nalidad infinitamente rica de Cristo, que solo él (o ella) ha experimentado.

Significado único

Todas las películas de superhéroes son realmente historias vocacionales, y las más populares son historias de origen. ¿Por qué nos gustan tanto estas historias?

Batman Inicia comienza con Bruce Wayne jugando con su amigo de la infancia en el patio de la Hacienda Wayne cuando cae en un pozo seco lleno de murciélagos. La escena está llena de significado sobre la persona de Bruce Wayne, revelando más sobre él que cualquier otra película de Batman. Las circunstancias de su niñez -su caída en un pozo seco lleno de murciélagos, el asesinato de sus padres, su forcejeo con la justicia en un campo de prisioneros de Bután- todo fue parte importante en el desarrollo de en quién se convertiría. *Batman Inicia* no es simplemente "una historia de vocación" (como si todos los superhéroes tuvieran la misma vocación) sino la historia de una vocación personal. Explica por qué Bruce Wayne se convirtió en un superhéroe muy específico.

Ahora, ¿qué pasaría si de repente, el traje de murciélago, el batimóvil y todos sus artefactos, se le fueran quitados? ¿Qué pasaría si Batman erradicara todo el crimen en la ciudad de Gotham? ¿Qué haría entonces?

Esta es la verdadera prueba de una vocación. Cuando todo es eliminado y todas nuestras funciones se han ido, ¿seguimos siendo nosotros mismos? ¿Tenemos una vocación arraigada en nuestro ser? Si no, estaremos en una crisis total.

Una vocación que está arraigada en lo que somos en lugar de lo que hacemos, nos permite encontrar sentido en medio de cada circunstancia de la vida. Víctor Frankl, un neurólogo y psiquiatra austriaco, estuvo preso en el campo de concentración nazi de Auschwitz durante el Holocausto. Los diferentes títulos con los que había construido su identidad neurólogo, psiquiatra, esposo, hermano, amigo ahora eran diferentes. Lo mismo era cierto para cualquier otra persona en Auschwitz.

Frankl rápidamente se dio cuenta de que había una cosa que nunca se podría quitar: el significado único, personal, otorgado por Dios, para el cual cada persona vive. Se dio cuenta de que aquellos que habían olvidado su significado único se estaban consumiendo, muriendo física y psicológicamente. Trabajó con ellos para ayudarlos a descubrir el significado por el que vivían.

En otras palabras: ayudó a los otros prisioneros a descubrir sus vocaciones personales únicas.

Integración

La vocación personal nos impulsa hacia la integridad y la unidad de la vida. Nos impide vivir una existencia dispersa, en compartimientos, en la que parece que tenemos una vocación en el trabajo, otra vocación en casa y otra los domingos. Nuestra vocación personal es la realidad que nos permite hacer una sola cosa en todo momento. Es nuestra única cosa necesaria.

Lo único que Jesús necesitaba era la voluntad de su Padre. Al cumplir su vocación personal, estaba caminando por el sendero del *reditus* en el que volvería al Padre. Su camino fue el Vía Crucis, el Camino de la Cruz, en el cual "habiendo amado a los suyos que estaban en el mundo, los amó hasta el extremo" (Juan 13: 1). Cuando hubo exigencias que competían al mismo tiempo en su vida, Jesús siempre supo lo que tenía que hacer. Él no volvería al Padre hasta que su misión estuviera completada.

Hay una gran libertad para abrazar nuestra vocación personal. Ayuda a ordenar nuestros deseos y nos permite actuar con confianza de acuerdo con ellos. Cuando el mundo nos presenta valores que compiten entre sí, no estamos del todo perplejos ni paralizados, sabemos lo que tenemos que hacer. Esas fuerzas competidoras en el mundo no nos jalan de un lado a otro, porque estamos viviendo en la integridad de nuestro llamado.

Vivir nuestras vocaciones personales nos da una tremenda libertad para amar de la manera que solo nosotros estamos llamados a amar. Nos da la libertad de dedicarnos a las tareas que Dios nos confió, y no preocuparnos por las tareas que confió a los demás. Aquí está la belleza: Dios también dio vocaciones personales a los otros siete mil quinientos millones de personas en el mundo. Podemos descansar tranquilos sabiendo que Él solo nos pide que seamos fieles a la nuestra. En la libertad de nuestra vocación única, es donde podemos florecer.

La libertad de amar: una promesa

En nuestro trabajo cultivando vocaciones, debemos ser lo suficientemente humildes para reconocer la manera radicalmente personal que Dios llama a cada individuo. Si dejamos de pensar en las vocaciones en términos de "categorías" y nos enfocamos en la persona única que está en el corazón de cada vocación, veremos un florecimiento de personas que abrazan y viven todas las vocaciones.

Hay un aspecto externo a cada llamada. La Iglesia llama a través de sus miembros: fieles laicos, obispos, sacerdotes, directores vocacionales y todos los demás. El papel de la Iglesia no es llamar más y más fuerte, sino escuchar más de cerca, ayudando a cada persona a responder con amor a la palabra que Dios está hablando en el fondo de su corazón.

Debemos ser a la vez interesados y desinteresados. Tenemos que estar interesados en la auténtica vocación personal de cada persona, sin excepción, donde sea que esto lo pueda dirigir. También tenemos que ser desinteresados y no buscar una opción vocacional basada en nuestro propio interés o en lo que creemos que sea en interés de la Iglesia. Dios sabe lo que Su Iglesia necesita, y Él está intensamente interesado en cada persona.

Es fácil de descubrir a las personas con una agenda personal. Muchos jóvenes católicos ni siquiera comenzarán una conversación con un Director de Vocaciones, incluso si sienten un pequeño deseo al ministerio sacerdotal o la vida religiosa, porque sus sitios web, videos y folletos sugieren que existen con el único propósito de cultivar sacerdotes y vocaciones religiosas. Ellos piensan: "Bueno, Dios podría estar llamándome para ser un sacerdote. . . pero si empiezo por ese camino, ¿me van a presionar, me van a cortejar como un recluta universitario de cinco estrellas y empujarme hacia un cierto camino?". Esto es trágico. ¿No deberían nuestros directores vocacionales preocuparse por *todas las vocaciones*?

Si nos centramos en la vocación personal y única de cada persona, si aceptamos el significado completo de la vocación, *naturalmente* habrá más sacerdotes y religiosos. No hay escasez de vocaciones. Solo hay una escasez de personas que las viven. Cuando los jóvenes sienten que nosotros estámos interesados en su viaje, ya sea que los lleve a un seminario o a un campo de béisbol, son más abiertos, honestos y libres. Cada uno de ellos es el "Camino para la Iglesia". Tenemos que caminar todos los caminos..

Descubriremos que cada uno de estos caminos conduce a un lugar hermoso, a Dios mismo, si estamos dispuestos a seguirlo hasta el final.

LA ÚLTIMA PALABRA

"María, todos los hermosos sonidos del mundo
en una sola palabra. . .
Dígalo alto y hay música sonando;
Dígalo suave y es casi como rezar. . ."

– "MARÍA" –

West Side Story

Temprano en la mañana el primer día de la semana, María Magdalena viene a la tumba donde Jesús está enterrado. Ella encuentra que la piedra ha sido rodada, la tumba vacía y se para afuera llorando. Uno de los dos ángeles en la tumba le pregunta por qué está llorando. María responde: "Porque se han llevado a mi Señor, y no sé dónde lo han puesto». (Juan 20:13). Ella habla como si fuera su Jesús, su Señor, a quien ella está buscando. Ella tenía una relación única con Él, al igual que Pedro y Andrés, Santiago y Juan, Lázaro y Marta.

Cuando Jesús Resucitado se le aparece, ella lo confunde con el jardinero. Peor aún, ella lo confunde como el sospechoso número uno en el robo de un cuerpo. "Señor, si tú lo has llevado, dime donde lo has puesto, y yo me lo llevare". Jesús, mirándola con amor, dice una palabra:" María " (Juan 20,15).

Eso fue suficiente para ella. Al instante, María reconoce que está hablando con Jesús. "*Rabbuni!*" Ella llora, y se aferra a Él.

El evangelista registra este intercambio en hebreo: -"*¡Miriam! ...¡Rabbuni!*" - para preservar la irrepetibilidad

de un encuentro personal. Un intercambio de información
es repetible. Pero un tono de voz, la forma de una sonrisa,
el brillo en un ojo y la alegría en un rostro: estas cosas
pertenecen a un encuentro entre personas.

Es en el proceso de vivir una vocación personal que
tiene lugar una verdadera transformación en Cristo. María
vivió las tres dimensiones de su vocación: lo cristológico, lo
significativo y lo integral. Ella se aferró a Jesús, *su Jesús*, y se
unió a Él de una manera singular. Ella encontró su fuente de
significado interno más profundo en Él, el *por qué* que le permitió soportar cualquier *cosa*. Y ella estaba por fin completa.
El Señor le había devuelto los pedazos de su vida dispersa. Al
amarla por completo, permitió que María, amara profunda y
auténticamente a cambio, desde el centro de su ser.

María reconoció al Señor en su vocación personal. El
escritor y filósofo francés Fabrice Hadjadj resume esto en su
libro de meditaciones sobre la resurrección:

> María no reconoce a Jesús por su cara famosa o
> incluso por su voz. Ella lo reconoce por su vocación.
> Lo que importa no es una imagen externa, común,
> sino un eco interior y personal. Él la llama por su
> propio nombre y le confía la tarea de transmitir a los
> demás su testimonio de este encuentro cara a cara
> incomunicable. Y esta es la razón por la cual los otros,
> para empezar, no pueden creerle. Las Buenas Nuevas
> escapan a los parámetros de las noticias: no es infor-
> mación para todos, sino una llamada a cada uno.[11]

---

[11] Fabrice Hadjadj, *The Resurrection: Experience Life in the Risen Christ.*

María escuchó su nombre llamado personalmente por el Señor. Después de balbucear cada palabra posible cuando era bebé, después de que su corazón se sofocaba por tanto gritar durante sus años de uso y abuso por otros, después de aprender lentamente el *logos* de su vida y la invitación personal para convertirse en la persona que ella fué creada a ser, ella finalmente pudo hablar esa única palabra que hizo que su corazón saltara cuando salió de sus labios: *Rabbuni*.

Hasta el final

C. S. Lewis escribió un libro llamado *Mientras no tengamos rostro*, que podría haber sido llamado con la misma facilidad *Mientras no tengamos las palabras que decir*. Cerca del final del libro, después de que el personaje principal, Orual, ha pasado su vida tratando de descubrir por qué nunca ha entendido el camino de los dioses, ella reflexiona:

> Cuando llegue el momento en que finalmente te verás obligado a pronunciar el discurso que ha estado en el centro de tu alma durante años. . . Hasta que esa palabra pueda ser extraída de nosotros, ¿por qué deberían [los dioses] escuchar el balbuceo que creemos que queremos decir? ¿Cómo pueden encontrarse con nosotros cara a cara tengamos caras?

Cuando descubramos y vivamos nuestra vocación personal, al final pronunciaremos la palabra singular que yace en

---

(New York: Magnificat, 2016), loc. 645, Kindle., loc. 645, Kindle.

el centro de nuestra alma desde el principio, el "un nombre nuevo que nadie conoce, sino el que lo recibe". (Ap 2:17).

El Padre Alphonso, autor del libro *Vocación Personal*, comparte un poema poco conocido de T. S. Eliot titulado *Como llamar a un gato*. Un gato tiene tres nombres, escribe Eliot. Primero, está el nombre que la familia usa todos los días. El segundo, hay un nombre particular que nunca pertenece a más de un gato, un nombre peculiar y más digno como Munkustrap, Quaxo o Coricopat,

Pero encima queda otro nombre más todavía,
 Y jamás ese nombre podrás adivinarlo,
Ni una investigación humana lo hallaría:
Sólo EL GATO LO SABE, y no va a confesarlo.
Cuando adviertes a un gato en honda reflexión
Es siempre por lo mismo, te digo, y no te asombre:
Su mente está extasiada en la contemplación
De la idea, la idea, la idea de su nombre:
Su indecible decible

Deciblindecible

Profundo e inescrutable, Nombre singular.

El nombre que le queda, el profundo e inescrutable Nombre singular, es el "nuevo nombre escrito en la piedra que nadie sabe, excepto el que lo recibe", el nombre por el cual fuimos llamados desde el principio. . . nuestra vocación personal.

4

MENTOR CON EMPATÍA

Joshua Miller

"Si queremos amar a nuestro prójimo, antes de hacer
otra cosa debemos observar a nuestros prójimos.
Con nuestra imaginación y nuestros ojos, es decir,
como artistas, debemos ver no solo sus rostros sino
también la vida detrás y dentro de sus caras. Aquí
está el amor, el marco en el que los vemos."

−FREDERICK BUECHNER−
Whistling in the Dark: A Doubter's Dictionary

CONOCIENDO A LOS APRENDICES

LOS SERES HUMANOS siempre enfrentan el desafío
de conocerse mutuamente con profundidad. Hoy esa
dificultad parece especialmente grande. Estamos muy
ocupados. Somos transitorios. El espíritu viajero o la
necesidad de mudarnos interrumpe las relaciones. Las
distracciones abundan. Los avances en la tecnología infor-

mática permiten oportunidades frecuentes para "conectarse", pero a menudo eliminan el lenguaje corporal y el tono de voz que, según algunos expertos, representan del 50 al 80 por ciento de la comunicación real. Tenemos hambre de relaciones profundas, pero a menudo tratamos de construirlas en una dieta anémica de textos y correos electrónicos versus la riqueza de la verdadera interacción cara a cara.

Incluso los padres que viven con sus hijos durante dieciocho años antes de abandonar el nido tienen dificultades para conocerlos. En el frenético ajetreo de satisfacer las innumerables necesidades de sus hijos, los padres a veces no investigan ni escuchan con empatía y, por lo tanto, no ven realmente la naturaleza auténtica de sus hijos.

Es difícil conocer a otros. Sin embargo, si queremos ayudarlos a convertirse para lo que fueron creados, es imperativo que lo hagamos. Nuestro Dios Trino es relacional. Nosotros somos su imagen. En virtud de esa realidad fundamental, somos llamados a ser relacionales, a conocer a los demás y ser conocidos por ellos.

En este capítulo discutiremos cómo la empatía con amor -expresada al hacer las preguntas correctas y escuchando atentamente- puede ayudar significativamente a los mentores a conocer bien a sus aprendices y construir el tipo de contexto relacional en el que puede tener lugar una tutoría vocacional efectiva. Estas preguntas también permiten a los mentores construir una *relación más rápida* y conocer a sus alumnos. Las ventanas de oportunidad son a menudo breves. Los jóvenes avanzan rápidamente y a menudo tienen una atención limitada. Necesitamos usar el tiempo que se nos da eficazmente.

¿Qué quiere decir la gente cuando habla de conocer al otro?

A veces se refieren conocer a una persona como un mero conocido. Donde vivo en Ohio, los perfectos extraños a menudo dirán: "Es bueno conocerte", cuando se les presenta el uno al otro. La familiaridad a través de las conexiones sociales puede hacer que el encuentro sea más significativo. "Sí, yo conozco a Diana. Ella era la novia de mi hermano en la preparatoria". Obviamente hay varias formas de conocer a otra persona. No vamos a explorar el significado de conocer en profundidad: se han escrito miles de libros sobre epistemología, el estudio del conocimiento. Para nuestros propósitos, conocer a otra persona significa desarrollar una relación con esa persona y percibir la verdad o la naturaleza de esa persona hasta cierto punto.

Pero ¿qué hay acerca de una persona que es lo más cierto o más significativo de ellas?

Primero, las *relaciones*. Las relaciones de una persona, especialmente aquellas que son más fundamentales y perdurables, constituyen una parte importante de la persona. Nos encontramos dentro de una rica red de relaciones. Una persona es al mismo tiempo una hija de Dios, una hija de Edith y Guillermo, la esposa de Arturo, la madre de Jacobo, una amiga de Carolina, y así sucesivamente. Cada uno de nosotros tiene nuestra propia individualidad concreta, pero las relaciones literalmente definen quiénes somos.

En segundo lugar, *características esenciales*. Describimos a las personas de acuerdo con los rasgos generales que comparten con todas las demás personas (racionalidad incorporada) o con muchas de ellas (como ser extrovertido o introvertido), pero estas características no revelan la naturaleza irrepetible de la persona, que no puede captarse con palabras. "Pacífica" y "calmante" son descripciones precisas de la voz de mi esposa mientras canta unos cantos Gregorianos, pero yo puedo usar esas palabras para describir también, cómo cantan los demás. Su manera de cantar y de ser en general es suya. En la medida de lo posible, necesitamos encontrar a los demás y verlos de acuerdo con su identidad irrepetible.

En la conversación común, frecuentemente preguntamos: "Cuéntame, ¿cuál es tu historia?" Hay mucha sabiduría injertada en esa pregunta. Las relaciones y las características esenciales de una persona salen a la luz al contarnos su historia. Las historias nos permiten ver que la energía intrínseca de uno se manifiesta de cierta manera en un contexto social, cultural, histórico y familiar. Vemos que otros actúan sobre él y su libertad creativa única creada por el mismo, responde a esas acciones. Su historia conecta este intercambio dinámico de una manera holística.

Nos revelamos a los demás cuando compartimos nuestras historias con ellos, especialmente cuando revelamos las acciones más significativas de nuestras vidas. Contar el viaje del noviazgo y luego del matrimonio con nuestros cónyuges permite a los demás entrar en nuestro mundo más profundo que si platicamos las historias de los primeros encuentros con un músico o una nueva receta para de frijoles al estilo Cajín de Luisiana. Al mismo tiempo, el mismo proceso de formulación de historias significativas es importante porque nos permite llegar a ser más conscientes de quiénes somos.

Los mentores adquieren un conocimiento rico cuando extraen la historia auténtica de sus aprendices, a la vez que les brinda n una oportunidad importante para crecer en la autocomprensión, lo cual es una parte fundamental del cultivo de la vocación personal.

La clave p a ra sacar efectivamente esas historias es la empatía. Cuando los mentores escuchan con empatía, fomentan e l desarrollo auténtico en sus aprendices. La empatía, como veremos, es como el sol y la lluvia suave para el árbol joven. Fomenta el crecimiento.

EMPATÍA

"Es una certeza humana absoluta que nadie puede conocer su propia belleza o percibir un sentido de su propio valor hasta que se le refleje de nuevo en el espejo de otro amoroso y cariñoso ser humano."

–JOHN JOSEPH POWELL, S.J.–

El secreto de permanecer enamorado

Cuando los mentores hacen buenas preguntas que evocan reflexiones reflexivas, demuestran un interés sincero por conocer a sus alumnos. Tales preguntas, nacidas de la empatía, orientan a los aprendices a compartir su autenticidad. Escuchar empáticamente es la habilidad correspondiente que permite a los mentores comprender verdaderamente a sus alumnos intelectual y emocionalmente. Más allá del valor de la comprensión, la investigación empática y el escuchar atentamente, tienen el efecto adicional de fomentar realmente el crecimiento de aprendices que se deleitan en ser recibidos y afirmados en su personalidad.

En esta sección, primero definimos la empatía y luego desplegamos su doble movimiento de ofrecer un acercamiento de amabilidad (hacer buenas preguntas) y recibir activamente (escuchar profundamente). Luego consideramos que la empatía se manifiesta en el Señor Jesús como un modelo e imperativo para que sus discípulos lo sigan.

Primero, ¿qué queremos decir con empatía?

El Diccionario Oxford proporciona una definición limpia y clara: "La capacidad de comprender y compartir los sentimientos de otro". La palabra emerge del griego *empatheia*, de la raíz *pathos* o sentimiento. El prefijo griego *em* significa "en" o "para ir dentro". "A través de la empatía nos adentramos en los sentimientos del otro. Y, sin embargo, no es una experiencia puramente emocional. Entendemos y compartimos los sentimientos del otro cuando nos identificamos con ellos. Entendemos de dónde vienen. Vemos el mundo desde su perspectiva.

Sin embargo, la empatía no implica que estas siempre en acuerdo. Eso es simpatía La simpatía proviene del prefijo griego *sym*, que significa "con", "juntos" y sentimiento con el otro en el sentido de acuerdo. Por ejemplo, podría simpatizar con los mineros del carbón que se sienten frustrados por las malas condiciones de trabajo y estar de acuerdo con la posición que adoptan contra la administración de la empresa. La simpatía también puede expresar sentimientos comunes que asumen un acuerdo. Por ejemplo, cuando mi familia y yo regresábamos del funeral de Abuelo Miller, nuestros corazones estaban unidos en simpatía, acción de gracias y celebración de su vida.

La simpatía es a menudo correcta y adecuada, pero no es lo mismo que empatía. Es muy posible y, de hecho, es necesaria para las relaciones humanas que entremos en los sentimientos de los demás: nos "ponemos en sus zapatos", vemos el mundo desde su perspectiva, sin hacer sus sentimientos nuestros sentimientos, ni adherirnos a sus posiciones. Podríamos con buena razón llegar a la misma postura emocional o intelectual que otro, pero es fundamental hacerlo con autodominio, una marca clave de la personalidad auténtica.

Se produce un doble movimiento en la empatía. Primero, hay una trascendencia de uno mismo para alcanzar la experiencia de otra persona, mientras permanece firmemente anclado en su compostura. El segundo movimiento es abrir el espacio en uno mismo para el otro y recibirlo activamente.

Jesucristo nos da el ejemplo supremo de este doble movimiento de empatía. Primero, la Encarnación misma es empatía divina. San Ireneo declaró que Jesús "se hizo como lo que somos para que nosotros podamos llegar a ser como Él es". Ireneo no usa la palabra "empatía", pero expresa la misma realidad: Cristo entró y compartió la vida de los hombres. Desde su íntima comunión en la Santísima Trinidad, Jesús tomó carne humana y entró en la historia humana. Él no entró en nuestro pecado, sino que compartió verdaderamente la experiencia de nuestra estancia terrenal en un mundo caído. Precisamente debido a la empatía divina de la Encarnación, Cristo abre un camino para que los seres humanos adquieran una relación íntima con Dios. Él nos llama amigos y nos abre su corazón para que podamos hacernos "partícipes de la naturaleza divina" (2 Pedro 1: 4).

En Cristo vemos el doble movimiento de la empatía. Él entra en nuestra experiencia y nos da espacio para que entremos en Su vida. Hay un ejemplo especialmente conmovedor de esto en el capítulo once del Evangelio de Juan. Jesús oye hablar de la enfermedad de su amigo Lázaro y va a Betania, donde Lázaro vive con sus hermanas Marta y María. Antes de que Jesús pueda entrar al pueblo, María sale corriendo a su encuentro. Ella cae a sus pies, y el siguiente encuentro tiene lugar:

"Señor, si hubieras estado aquí, mi hermano no habría muerto". Viéndola llorar Jesús y que también lloraban los judíos que la acompañaban, se conmovió interiormente, se turbó y dijo: "¿Dónde lo han puesto?" Le responden: "Señor, ven y lo verás." Jesús derramó lágrimas. (Juan 11: 32-35)

El Señor es muy consciente de que tiene el poder de resucitar a Lázaro de entre los muertos y lo hará pronto. Su respuesta podría haber sido: "Esto no es un problema. Claramente, no tienes suficiente fe. Solo espera un minuto". Pero ese tipo de respuesta, aunque hubiera sido cierta, no habría reconocido el sentimiento y lo que María estaba experimentando. En cambio, Jesús compartió su angustia. Él lloró mientras ella lloraba. Amaba a María con el tipo de amor que se requería. A través de su empatía divina, Él entró en su experiencia y la amó en medio de su dolor.

Estamos llamados a imitar a Cristo. Imitar a Cristo en

su amor *necesariamente* implica ser empático: entrar en la vida de los demás, especialmente aquellos cuyas vocaciones personales estamos llamados a cultivar. Debemos hacer espacio para ellos en nuestros corazones, comprenderlos intelectual y emocionalmente, y así amarlos en el contexto cálido y acogedor del abrazo empático.

La empatía es rara. Nuestro sistema educativo nos instruye sobre cómo escribir, leer y hablar. Las clases abundan en estas áreas de estudios. Pero ¿alguna vez has visto una clase en cualquier nivel del espectro educativo dedicado a la investigación empática y a escuchar atentamente? Aunque la gran mayoría de lo que se comunica en la interacción humana se percibe a través de la sensibilidad al lenguaje corporal y al tono vocal, aún no destacamos su valor.

¿Cómo podemos nosotros como mentores ser más empáticos?

PREGUNTAS CERRADAS, INDUCTIVAS Y ABIERTAS

Los mentores efectivos hacen una variedad de buenas preguntas al servicio de sus aprendices. Hay un lugar apropiado, por supuesto, para cada una de las preguntas que consideramos en esta sección: cerrada, inductiva y abierta. Aquí las evaluamos desde el objetivo de obtener una idea de la historia personal de otra persona y llegar a conocerla de una manera profunda.

Preguntas cerradas

La esencia de una pregunta cerrada es que se puede responder con un simple sí o no. No hay nada intrínsecamente incorrecto en las preguntas cerradas. Son útiles cuando se necesita información específica. Las enfermeras deben comprender el historial de salud del paciente, por lo que a menudo harán una serie de preguntas cerradas: "¿Tiene diabetes? ¿Alguno de tus familiares tuvo cáncer? ¿Eres alérgico a algún medicamento?".

Para los mentores que buscan entrar en el mundo de sus aprendices, hay momentos en que las preguntas cerradas son correctas y adecuadas. Un profesor de teatro podría preguntarle a un grupo de estudiantes nuevos: "¿Has actuado antes? ¿Puede cantar? ¿Te sientes un poco nervioso si estas en el escenario?".

El problema con las preguntas cerradas es que rara vez revelan los contornos y la trayectoria de la historia de una persona. Se centran en satisfacer el deseo de la persona que hace las preguntas para obtener información particular, pero no resultan en extraer el arco narrativo de la vida de una persona o sus características esenciales. Producen información sobre la persona, pero no sobre la profundidad de su vida interior.

El interrogador tiene el control con las preguntas cerradas, no el que responde. Los parámetros son limitados: sí o no. Como tal, las preguntas cerradas no proporcionan un contexto para que los encuestados realmente se abran. De hecho, podrían poner barreras. Una serie de preguntas cerradas puede parecer un interrogatorio.

Preguntas inductivas

Las preguntas inductivas sugieren o provocan una respuesta, orientan las respuestas en una dirección que el entrevistador cree que son valiosas o proporcionan un conjunto de respuestas que considera correctas.

Con frecuencia, las preguntas inductivas se enmarcan después de las declaraciones que hace el interrogador sobre sus propias preferencias que sugieren la respuesta "correcta". Por ejemplo: "¿No es maravillosa la música de la Misa?" O "Siento un cambio en el estado de ánimo en el país después de las elecciones, ¿verdad?" O "La novela de Scott Fitzgerald, El Gran Gatsby, describe un pantano moral. No dejaría que mis hijos más pequeños lo lean. ¿Tú los dejarías leerlo?". Son ejemplos de preguntas inductivas.

Las preguntas inductivas a menudo se enmarcan como opciones que se supone cubren toda la gama de posibilidades. "¿Eres fanático de la música country, el hard rock, el soft rock o clásica?". Los periodistas suelen hacer esto durante las entrevistas.

Consideremos la posibilidad de que el locutor de NPR (Radio Publico Nacional por sus siglas en inglés) entreviste a un soldado acerca de sus experiencias durante la guerra en Iraq: "¿Fue su decisión de enlistarse con los militares siendo un joven, por un sentido de patriotismo o más bien como una especie de deseo infantil de aventura?". Las preguntas inductivas en este sentido son problemáticas porque las respuestas podrían incluir todas las opciones o ninguna de ellas, y a menudo hacen que las personas se sientan atrapadas. El joven que se enlistó podría haberlo hecho no por patriotismo o sed de aventura, sino porque necesitaba el dinero o siente que fue dirigido por Dios u otras muchas razones.

Hay un tiempo y un lugar para preguntas inductivas si se ofrecen con respeto sincero y un deseo para el bien del otro. Los padres muchas veces necesitan hacer preguntas inductivas para guiar efectivamente a sus hijos. Por ejemplo: "¿No preferirías estar en paz con tus hermanos, en vez de estar de pleito?". "¿No te resultan divertidas las matemáticas?". "¿Te conducirá esa decisión a una mayor conversión de tu corazón o comprometerá tu integridad?".

El problema con las preguntas inductivas desde el punto de vista de obtener un conocimiento profundo del otro es que reflejan la mente y las opiniones del que pregunta y, a menudo, no logran extraer auténticamente la mente, las creencias, las opiniones o los sentimientos del entrevistado.

Preguntas abiertas

Las preguntas abiertas alientan una respuesta completa y significativa que se basa en los conocimientos y/o sentimientos del sujeto. "Cuéntame sobre ti". "¿Cuál es tu experiencia?". "¿Por qué viniste aquí?".

Tales preguntas invitan a una respuesta profunda. No interfieren las propias creencias u opiniones del que pregunta en la respuesta. No dan un conjunto de opciones limitadas para que el encuestado pueda elegir.

Pero las preguntas abiertas sin contexto pueden ser demasiado amplias y, por lo tanto, confusas. Considere esta pregunta planteada por el Dr. Vincent Hendricks, profesor de lógica: "¿Cuál es la doctrina más importante del mundo?".

¿Cuál doctrina? ¿Doctrina sobre qué? ¿Sobre la política, o la religión, la economía o algo más? Esta pregunta está muy abierta.

Los mejores tipos de preguntas abiertas proporcionan contexto, una orientación básica. Conducen, pero de una manera que invitan a la persona a compartir de manera auténtica. Preparan la mesa de un tema sin servir la comida. Sacan una respuesta libre y completa del otro.

Los mentores que desean conocer a sus aprendices pueden y deben hacer una variedad de preguntas que les ayuden a sus aprendices a contar su historia. En ocasiones, los mentores deben hacer preguntas cerradas (sí o no). Esas preguntas tienen su lugar, pero generalmente no son útiles para facilitar el intercambio auténtico. Las preguntas inductivas son más problemáticas porque a través de ellas el interlocutor tiende a endorsar su propia interpretación o agenda a la historia de la persona. En general, deben evitarse. Con el propósito de conocer al aprendiz y su historia, las preguntas abiertas son mucho más efectivas.

LA FUERZA DE LAS HISTORIAS DE LOGROS

Las preguntas abiertas que orientan a los aprendices a compartir de manera auténtica son definitivamente la dirección correcta para los mentores que desean comprender las experiencias profundas de sus aprendices. Pero en esta sección vamos a seguir discutiendo un tipo específico de historia, la historia de logros (presentada en el Capítulo Dos), que es especialmente poderosa para ayudar a los alumnos a desarrollarse y para que los mentores capten las características esenciales de la personalidad única del aprendiz.

Considere un escenario donde un ministro para jóvenes, Lucas, intenta conocer a una joven, María, en su grupo de muchachos. Él le pregunta: "¿Qué me puedes platicar sobre ti?".

Las respuestas que Lucas probablemente obtenga con este tipo de preguntas abiertas sólidas son sin duda muy valiosas para entender a María. Podría describir a su familia o lugar de origen: "Soy de Virginia y vengo de una familia irlandesa-católica". Tal vez comparta un poco la historia de su conversión: "Dios me salvó de la adicción a las drogas hace un año y me devolvió la vida. ¡Estoy feliz de haber regresado a la Iglesia!". Podría contar su formación escolar:" Soy estudiante en Lee High School ". O las relaciones personales: "Bueno, mi familia y yo estamos muy unidas. Tengo un novio estable que realmente me apoya. Me encantan los perros y tengo un perrito llamado Jasper". O sus principales intereses:" Soy una bailarina y amo los deportes. El fútbol soccer ha sido una gran parte de mi vida desde que tenía siete años".

Es cierto que todas estas dimensiones de la vida de María son importantes para ella. También es cierto que Lucas conoce más sobre María y su historia al compartir estos aspectos de su vida. Si Lucas realmente quiere aprender sobre María, debería preguntar sobre esas dimensiones de su vida.

Pero hay un tipo particular de pregunta abierta que permite a los mentores conocer rápida y profundamente a sus aprendices: la historia de logros. Estas historias proporcionan una excelente manera de conocer a otros porque ayuda a los aprendices a descubrir y compartir los aspectos centrales de su personalidad única. Al mismo tiempo, las historias generalmente revelan otras características de la vida del aprendiz que son una parte crítica de la historia de su vida; por ejemplo, sus relaciones formativas o las circunstancias sociales y culturales importantes para su crecimiento.

"Logro" no necesariamente significa conformidad con estándares contemporáneos de éxito como un promedio de 10 de calificaciones o premios ganadores. Puede tratarse de éxitos y triunfos, pero muchas veces no lo es. La historia de logros es una actividad que la persona disfrutaba hacer o tenía una sensación de satisfacción al hacerlo, y creía que lo hizo bien.

Exploremos una conversación entre Lucas y María orientada por historia de logros. Tenga en cuenta las preguntas.

Lucas: "¿Cuéntame acerca de una actividad que hayas hecho hace poco, que disfrutaste profundamente y que tú crees que te la hiciste bien?"

María: "Bien. . . Amo el futbol soccer. El otoño pasado jugué en un juego contra el equipo archirrival de nuestra escuela, los Blue Devils. Ayudé a nuestro equipo a derrotarlos y en el último cuarto anoté el gol ganador. Eso fue increíble, especialmente porque tuve que superar muchas cosas para volver al equipo".

"¿Qué te gusta del fútbol?"

"He crecido jugando fútbol toda mi vida. Mi padre me entrenó cuando era más niña y ese era un momento en el que podía estar cerca de él. Él y yo somos muy competitivos. ¡Solíamos darnos topes de cabezas en casa y ambos tenemos

temperamentos irlandeses! Pero fue un gran entrenador y me enseñó el juego. Creo que realmente me gusta el flujo constante de fútbol. Es hermoso, pero también físico. ¡Y me gusta ganar!

"Cuéntame más sobre ayudar a ganar el juego el otoño pasado. ¿Cómo hiciste eso?"

"Jugué en el medio campo, mi posición favorita, ese día estaba gritando porras y ánimos a los defensores; yo estaba literalmente en todo el campo y siendo un poco agresiva cuando tenía que hacerlo. Una chica del otro equipo estuvo golpeando a mi amiga Courtney, hasta que en el tercer cuarto del partido la derribe deslizándome sobre ella y le dije que le parara. Ella dejo de hacerlo después de eso. Pero realmente me gustó habilitar a los delanteros para hacer goles".

"¿Cómo exactamente los habilitaste?".

"Algo que siempre he hecho es prestar atención a todo el campo de juego. Varias veces en juego pude mantener el balón durante unos segundos mientras veía a los delanteros moverse cerca de la portería. Anticipé dónde iban a llegar a la posición de anotar y luego disparé la pelota en su dirección. Eso llevó a un par de goles".

"Hablaste sobre tener que 'superar mucho para volver a entrenar en el equipo'. ¿Qué quisiste decir con eso?".

"Bueno, tengo una tendencia a vivir un poco salvaje y hace un año y medio probé heroína en una fiesta. Había escuchado que era muy adictiva, pero no creía que me atrapara. Lo hizo. Y en solo un par de meses me puse tan mal que casi me muero. Tuve que dejar la escuela. Mis padres me dieron un 'amor firme' y me pusieron en un centro de rehabilitación. Gracias a Dios, conocí a un sacerdote increíble que me ayudó a volver

a la fe. De todos modos, tuve que luchar para volver al equipo de fútbol. Había perdido cerca de 15 kilos y me tomó un tiempo fortalecerme".

"¿Qué hiciste para volver al equipo?".

"Mi entrenador sospechaba de mí al principio y tuve que luchar por ganar nuevamente su confianza y la de mis compañeros. Simplemente aparecí constantemente en los entrenamientos y trabajé duro. ¡Recé muchísimo! Mantuve una buena dieta No me quejé, incluso cuando mi temperamento quería estallar. Finalmente, pude volver a jugar".

"¿Qué fue tan satisfactorio para ti en particular acerca de este logro de ayudar a tu equipo a vencer a los Blue Devils?"

"Fue el primer juego que comencé después de regresar al equipo. Mis padres estaban allí en las gradas y fue grandioso que me vieran jugar tan bien. Pero creo que lo más satisfactorio fue vencer. Vencer a ese equipo. ¡Vencer a la heroína! Porque finalmente, pude poner fin a las dudas que tenían mis compañeros y entrenadores y pude recuperar su confianza".

Esta conversación en la que María abre su corazón y expresa una historia de acción que la involucró profundamente está enmarcada por tres tipos de preguntas o pautas simples y abiertas.

1. "Cuéntame acerca de una actividad, de cualquier momento de la vida, que realmente disfrutaste y crees que hiciste bien". Esto abre al aprendiz para contar su historia de logros.

2. "Describe lo que realmente hiciste". Este tipo de pregunta adopta diferentes formas según la descripción inicial de una persona de lo que hizo. Implica un seguimiento basado en los verbos que los aprendices usan para representar su acción. Del ejemplo anterior: "¿Cómo ayudaste al equipo a ganar? ¿Cómo volviste al equipo? "Estas preguntas siguen abiertas, pero naturalmente se conectan con la propia narrativa del aprendiz.

3. Y finalmente: "¿Qué fue lo más satisfactorio de esta actividad de logros?"

Esta pregunta es especialmente poderosa porque describe específicamente lo que motiva de manera única e intrínseca al nuestro aprendiz.

Cuando Lucas obtiene la historia de María con interés sincero y empático, aprende mucho sobre ella. Aunque la historia es sobre una actividad específica, él puede obtener mucha información sobre quién es y los antecedentes críticos que la llevaron al grupo de jóvenes. Cuando vemos claramente a una persona compartir la historia de una actividad que expresa auténticamente su personalidad única, ellos irradian y se revelan profundamente.

Sería prematuro sobre la base de una historia calificar a María como "vencedora", pero está claro que prevalecer sobre obstáculos difíciles ha sido una parte clave de su vida. Si el mismo tema continuara apareciendo en las otras historias de María y formara un patrón, entonces podríamos destacar que la "superación" es una parte central para María.

La gente hace cosas todo el día por todo tipo de razones. A la gente no le gusta hacer ciertas cosas, pero de todos modos las hace para amoldarse. Participan en actividades porque se ven obligados a hacer por miedo o por el hábito, actividades rutinarias que realmente no comprometen la mente o el corazón.

Si queremos entender a otra persona, para comenzar a ver su naturaleza única desenvolverse, es tremendamente poderoso hacer preguntas abiertas sobre la acción que la compromete profundamente. Esto es exactamente lo que sucede en la conversación entre Lucas y María.

Por supuesto, es verdad, que una historia de logros contada por el aprendiz a su mentor no es un tipo de "magia relacional" que permite siempre al mentor sondear las profundidades del su alumno, pero es una forma increíblemente poderosa de llegar a conocerlo, y rápidamente.

¿QUÉ HACER SI LOS APRENDICES NO TIENEN HISTORIAS DE LOGROS?

En los más de dieciocho años de utilizar este enfoque en mi trabajo, nunca he sido mentor de una persona que no tenga ninguna historia de actividades que hayan disfrutado y que ellos creyeran que lo hicieron bien, aunque sólo sea moderadamente. Hay situaciones, especialmente entre aquellos que han sufrido abuso o negligencia, donde las historias de logros pueden ser difíciles de extraer. Aquí hay algunos consejos para hacerlo:

En primer lugar, los mentores deben recordar con frecuencia a las personas, especialmente a los jóvenes propensos a las comparaciones sociales, que no estamos buscando historias sobre logros competitivos: ser el mejor, obtener la estrella de oro o ser el primero en la clase. Los logros de uno pueden incluir estas cosas, pero no son el criterio. Los alumnos pueden quedar atrapados en la palabra "logro". Ayúdelos a comprender que el término se usa ampliamente. Un logro es cualquier actividad que la persona disfrutó y creyó haber hecho bien.

Además, asegúrese de explicar que el logro puede ser de cualquier esfera de la vida y cualquier tipo de actividad. No tiene que ser académico o relacionado con el deporte. Puede provenir de la vida familiar, pasatiempos, actividades privadas, amistades o cualquier otra cosa. Por ejemplo, aquí hay algunas historias de logros reales de estudiantes de secundaria en mi curso *Discerniendo la Vocación Personal*

> *Tess:* "Cuando conseguí a mi perro, me tomé la responsabilidad de entrenarlo. Le enseñé la posición de jugar, trepar, saltar, arriba, debajo, ladrar y bajar la cabeza. Pero no me detuve allí, quería enseñarle señales de mano. Ahora, él conoce estos comandos sin que yo nunca diga una palabra".

> *Lucas:* "Debido a mi servicio continuo y fiel como acólito en nuestra parroquia local, fui invitado a convertirme en un 'acólito pontificio' para ayudar a nuestro Obispo local en misas y servicios especiales. Esto ha sido un honor y un placer para mí."

Clare: "Mis hermanas y yo escribimos y produjimos mi propio álbum personal para el cumpleaños de mi papá".

John: "Entrené al equipo de fútbol soccer para menores de 8 años, de mis hermanitos durante dos años seguidos. El segundo año tuvimos un niño en el equipo con algunos problemas serios de comportamiento, pero me las arreglé para tratar con él y todavía entrenar al resto del equipo durante tres meses".

Si una persona aún tiene problemas para encontrar historias en este momento, simplemente se le puede preguntar: "¿Qué tipo de cosas te gusta hacer?" Con esta pregunta, se retira la atención de si la persona lo *hizo bien*. Simplemente ayúdelo a pensar y sacar historias de una lista de cosas que a él simplemente le gusta hacer. A menudo, a medida que las personas comienzan a hablar sobre estas acciones, reconocerán el logro en ellas o al menos se verán atraídas hacia la memoria positiva de una acción que sea verdaderamente expresiva de su naturaleza única.

EL BUEN FRUTO DE SACAR A LA LUZ LAS HISTORIAS DE LOGROS

Varios beneficios surgen de los mentores que extraen las historias de logros de sus aprendices.

Primero, aquellos que comparten están ocupados en recuerdos de acción que estaban llenos de alegría y de auténtica realización. En la recolección de estos recuerdos, los vuelven a hacer presentes y tienen la oportunidad, al menos en parte, de revivirlos. ¡Qué regalo!

Segundo, porque la historia de los logros se trata de lo que la persona hizo bien y que lo disfrutó al hacerlo, muchas veces se trata de sus fortalezas únicas. Por lo tanto, puede ser increíblemente positivo y afirmativo.

Tercero, el proceso mismo en que las personas recuerdan sus historias de logros puede cultivar una autoconciencia mucho más profunda. Rara vez se les pide a las personas que compartan sus historias de logros. Y cuando se les hace la pregunta general, "Háblanos de ti", generalmente no eligen desarrollar historias de logros. Aquellos que no se han tomado el tiempo para considerar sus historias no discernirán efectivamente sus propios dones únicos, que es un aspecto clave del discernimiento vocacional.

En cuarto lugar, este proceso implica escuchar atenta y empáticamente, que es un acto de gran amor para el aprendiz. Es un amor orientado hacia el florecimiento de la persona, un amor que desea que el otro se revele de acuerdo con el diseño de Dios y que pueda cumplir con ese diseño.

En nuestra página en la red inscapevocations.com, compartimos información acerca de MCORE, una evaluación narrativa hecha por internet que los mentores y aprendices pueden realizar para identificar sus motivaciones principales. MCORE se basa en tres historias de logros y resulta en un informe sólido que ayuda a las personas a obtener una idea de su diseño motivacional único y sus implicaciones para vivir su vida bien.

ESCUCHANDO EMPÁTICAMENTE

"Pero cuando alguien entiende cómo me siento YO,
sin querer analizarme o juzgarme, entonces puedo
florecer y crecer en ese clima". La investigación
confirma esta observación común. Cuando el
terapeuta puede captar la experiencia momento a
momento que ocurre en el mundo interno del cliente
a medida que el cliente lo ve y lo siente, sin perder
la separación de su propia identidad en este proceso
empático, entonces es probable que ocurra el cambio".
–CARL ROGERS–
El proceso de convertirse en persona. Mi técnica
terapéutica

El primer movimiento de empatía es acercarse a los aprendices con preguntas abiertas que expresan un interés sincero en sus vidas, es una forma poderosa para que los mentores se hagan trascendentales a sí mismos. Tales preguntas implican que los mentores realmente harán espacio en su propia vida interior y realmente escucharán. Escuchar empáticamente es difícil. En esta sección nos basamos en Steven Covey, célebre autor de *Los siete hábitos de la gente altamente efectiva*, sobre cómo hacerlo bien.

Mucho más importante que la técnica es una disposición básica de empatía. Si uno tiene la disposición correcta, pero carece de una técnica pulida, aún estará mucho mejor. Hay tres elementos fundamentales para una disposición de empatía.

Primero, un mentor debe amar verdaderamente al aprendiz. Esto no se puede dar por hecho. Amarlo implica mantener constantemente en la mente y en el corazón la intención de que cada aprendiz se convierta para lo que ha sido creado. El amor de Cristo se enfoca agudamente en cada persona para que pueda florecer. Este es el mejor ejemplo para mentores. "Amaos los unos a los otros como Dios los ama a cada uno", dijo la Madre Teresa, "con un amor intenso y particular".

En segundo lugar, la disposición de uno no debe ser cerrada o resguardada, sino abierta y activamente receptiva. Aquí el lenguaje corporal es importante. Una ceja fruncida y los brazos cruzados son mucho menos propensos a obtener una respuesta auténtica que los ojos cálidos y una postura física abierta y amigable. El interior del mentor debe ser de espera silenciosa y no con una inquieta anticipación para presionar un punto o establecer un caso.

Tercero, el mentor debe tener un deseo sincero de entender al aprendiz. Como dice Stephen Covey, "si realmente intentas comprender, sin hipocresía y engaño, habrá momentos en los que literalmente te sorprenderá la pureza del conocimiento y la comprensión que fluirán hacia ti desde otro ser humano".[1] En esta postura, la propia agenda se empuja a la periferia de la conciencia y el espacio se crea para escuchar al otro.

Si tiene estas tres disposiciones bajo control: amorosa intención de que la persona se convierta para lo que fue creada,

---

[1] Stephen Covey, *Siete hábitos de la gente altamente efectivas* (Nueva York: Simon & Schuster, 1990).

apertura hacia el otro y un deseo sincero de comprender, el tipo de técnica que vamos a presentar fluirá con facilidad.

El método correcto es importante ya que a través de él se pueden desarrollar hábitos de empatía. Si uno todavía está aprendiendo la técnica pero mantiene las disposiciones básicas, los errores en la técnica no interferirán demasiado en el proceso, especialmente si el mentor trabaja activamente para volverse más empático.

ELEMENTOS BÁSICOS PARA ESCUCHAR CON EMPATIA

Los mentores deben estar atentos a los aprendices que usan ambos lados de sus cerebros. El lado izquierdo está más centrado en la razón, el lado lógico del cerebro. El lado derecho del cerebro es responsable de los modos de percepción visual, intuitiva y más centrada en los sentimientos. Es imposible escuchar empáticamente sobre la base de palabras solamente.

Considere el escenario de una familia con muchos gatos. La esposa y los niños simplemente adoran a los gatos y parecen estar siempre dispuestos a conseguir otro más, pero el papá no puede soportar verlos.

Encontramos a marido y mujer juntos en la entrada de su cochera rastrillando las hojas de otoño. Se acerca a saludarlos la vecina, Jenny, en su camioneta pick-up Chevrolet S-10 con un gato callejero, sabiendo que la familia muchas veces los adopta. Ella se detiene y pregunta con entusiasmo: "¿Les gustaría otro gato? Acabo de encontrar a este en la calle". Ahora escucha con ambos lados de tu cerebro la respuesta de marido y mujer.

La mamá, con ojos ansiosos y sonrientes, corre ansiosamente hacia la camioneta y declara: "¡Estaría tan feliz de tener otro gato!"

El papá, con una postura rígida, la mandíbula apretada, la mano agarrada al rastrillo y el tono helado, dice: "¡Estaría TAN feliz de tener otro... gato!"

La mamá y el papá usan la misma frase, pero obviamente expresan significados muy diferentes. Uno está sinceramente abierto al gato. El otro, que claramente está siendo chistoso, definitivamente no lo es. Escuchar profundamente requiere mucho más que entender el significado lógico de las palabras. El tono, el lenguaje corporal y la expresión de los ojos deben ser percibidos cuidadosamente para comprender verdaderamente a otra persona.

Cuando los mentores usan ambos lados, el izquierdo (lógico) y el derecho (sentimiento) de sus cerebros, se puede activar la técnica de dos partes que analizamos a continuación. La escucha empática requiere que el mentor refleje tanto el contenido como el sentimiento del que habla. Para reflejar las palabras pronunciadas, los mentores no deben simplemente repetir lo que escuchan. Esto puede sonar que estamos actuando como pericos o imitándolos y tener el efecto de irritar a los que están hablando, en lugar de ayudarles a expresarse. La repetición exacta también puede sonar trivial y dar la impresión de que el mentor tiene una agenda más allá de escuchar realmente.

Al reflejar el contenido, el mentor debe resumir *con sus propias palabras* lo que escuchó sin cambiar el significado de lo que dijo el aprendiz. Hay varias buenas razones para este tipo de reflexión. Primero, cuando el mentor resume usando sus propias palabras, se ve obligado a comprender verdaderamente lo que se ha dicho. Segundo, le da al aprendiz, pruebas claras de que se le ha escuchado. En tercer lugar, casi siempre es ventajoso para el aprendiz que sus palabras se vean reflejadas. Necesitamos espejos físicos para reconocer cómo nos presentamos al mundo y hacer ajustes cuando reflejan el pelo despeinado o manchas de suciedad en las mejillas.

De manera similar, si los aprendices han usado palabras atrevidas, poco claras o problemáticas de alguna manera ellos hacen ajustes positivos a lo que han dicho cuando escuchan sus palabras dichas por el mentor.

Al resumir el contenido verbal, el mentor debe reflejar en el tono y el lenguaje corporal la emoción del aprendiz. Nuevamente, esto no debe ser estrictamente una imitación, sino hecho de una manera que reconozca los sentimientos del aprendiz. Si el contenido verbal se refleja sin el correspondiente contenido emocional, el mentor puede parecer frío e inconmovible.

¿Qué pasa cuando las emociones del aprendiz están fuera de control o apenas se pueden registrar? Aunque sería imprudente para los mentores reflejar esas emociones en el nivel que se muestran, es de gran valor para ellos llegar emotivamente en la dirección de los sentimientos del aprendiz y compartirlos en algún nivel. Esto podría significar que un mentor aumenta su ritmo y volumen cuando habla con un aprendiz cuyas emociones son altas, o que un mentor adopta un tono más tranquilo y más suave con un aprendiz que se siente deprimido. Si el mentor no ofrece un nivel similar de reflejo emocional, aparecerá un abismo en la conversación. Como dice la Escritura, "Vinagre en la herida y desnudez en día frío es cantarle coplas (canciones) a un corazón triste" (Prov. 25:20).

Considere ahora dos versiones de una conversación entre una madre y su hijo de dieciocho años, Judá, que está en el último año de la escuela preparatoria y está considerando alistarse en la Marina. La madre expresa amor por su hijo en ambas versiones, pero advierte en qué medida practica la empatía en cada una de ellas.

Judá (con cautela, en voz baja): "Mamá, he estado pensando últimamente en la Marina Armada. Como sabes, yo había planeado ir a la universidad de inmediato, pero. . . Es posible que quiera alistarme en la Infantería de Marina justo después de acabar la preparatoria".

Mamá (ojos cada vez más grandes, en voz alta): "¿Qué? ¿Cuándo pasó esto?

"Bueno, hace unas semanas, en la expo de carreras de la escuela, conocí a un sargento que me contó la historia del Cuerpo de Marines. Realmente me interesó. Los marines son siempre los primeros en la batalla. Ellos son la fuerza de combate selecta de Estados Unidos".

"Judá, ¿realmente crees que puedes matar a un ser humano? Porque eso es lo que te entrenarán para hacer".

"Bueno, no me gustaría, mamá, pero si tuviera que defender mi país, lo haría".

"¿El sargento te habló sobre el trastorno de estrés postraumático y cómo arruina la vida de los soldados?".

"No (a la defensiva, levantando la voz), pero sí dijo que ser un marino era duro y no apto para los pusilánimes o cobardes".

"Duro y endurecido. ¡Oh, Judá! No soporto la idea de que vayas a la Marina. Sé que necesitamos que las fuerzas armadas defiendan a nuestro país, pero mira lo que les sucede a los jóvenes que salen del servicio. ¿Recuerdas a Daniel de tu grupo de jóvenes?".

"¡Sí! Todavía lo veo y hemos hablado de su experiencia en los Marines. Fue a Afganistán. Dijo que era difícil, pero que aprendió ...".

"Lo primero que hizo Daniel después de alistarse fue endeudarse con un nuevo Camaro, ¡y comenzó a fumar!

"¡No voy a empezar a fumar, mamá!"

"Pero, Judá, hay ciertas cosas que tendrías que hacer como marine. Tu estarías bajo la autoridad del gobierno. ¿Y si te pidieran que hicieras algo que va en contra de tu conciencia? La forma en que nuestro país está yendo..."

"Vamos a dejar de hablar de eso, mamá".

En este primer escenario, vemos a una madre interesada en el bienestar de su hijo. Ella quiere lo que cree que es mejor para él, pero sus preguntas provienen de una postura de miedo y sus comentarios tratan de convencer a Judá de que no continúe con sus planes. Ella muestra poco respeto por la perspectiva de su hijo o por ayudarlo a discernir lo que debe hacer. Una conversación que podría haber llevado a la madre a conocer mejor a su hijo, ayudarlo a crecer en la autoconciencia y cultivar su propia vocación termina abrupta e infructuosamente.

En la segunda versión de la conversación, preste atención a la empatía de la madre mientras hace preguntas y escucha.

Judá (con cautela, en voz baja): "Mamá, he estado pensando últimamente en la Marina Armada. Como sabes, yo había planeado ir a la universidad de inmediato, pero. . . Es posible que quiera alistarme en la Infantería de Marina justo después de acabar la preparatoria".

Mamá (lentamente, en voz baja): "Has tenido un cambio en tu forma de pensar sobre qué hacer después de la escuela preparatoria. Eso no es raro, Judá. ¿Qué te interesa en el Cuerpo de Marines?"

"Bueno, hace unas semanas, en la expo de carreras de la escuela, conocí a un sargento que me contó la historia de la Infantería de Marina. Realmente me interesó. Los marines son siempre primeros en la batalla. Ellos son la mejor fuerza de combate de Estados Unidos. Una vez que eres un infante de marina, siempre serás infante de marina. ¡Serviría a mi país en un momento de necesidad! Aprendería mucho sobre liderazgo y trabajo en equipo. Y, después de cuatro años, tendría una muy buena beca para la universidad".

"El Cuerpo de Marines es un grupo de hombres dedicados y selectos. Tú crees que podrías servir bien a tu país si te unieras. Veo que tú estás viendo otras oportunidades también: lecciones de la vida, dinero para la universidad. ¿Qué has hecho para decidir si debieras de enlistarte?"

"Bueno, estoy viendo muchos aspectos positivos. Acabo de hablar con el sargento hace un par de semanas. Realmente no he pensado en ningún aspecto negativo. Estoy seguro de que hay algunos".

Mamá (sonriendo suavemente): "Estás viendo muchas ventajas de unirte a la Infantería de Marina, pero aún no tienes ninguna desventaja. ¿Qué podrían ser esas desventajas?"

Judá (la voz se hace más lenta y frunce el ceño): "Bueno, tener que ir a la guerra y matar a alguien o morir".

"Tomar la vida de otro ser humano y poner tu propia vida en peligro es algo serio. ¿Has orado por esta decisión?"

"Todavía no, mamá, pero sé que tengo que rezar por eso. Y lo haré".

En la segunda conversación, la madre de Judá es una imagen del mentor empático. Ella resume lo que dice y refleja sus sentimientos. Ella le hace saber que ella entiende, lo que lo invita a compartir con autenticidad. Ella hace preguntas abiertas que reconocen su interés en la Infantería de Marina, pero también lo ayudan a crecer en la autoconciencia y a discernir de forma efectiva. La conversación termina con Judá queriendo pensar más cuidadosamente y darse tiempo para orar.

Anteriormente, hablamos de varios beneficios para los aprendices y la relación de mentores que surgen de la elaboración de historias de logros a través de la investigación empática. Hay al menos dos beneficios profundos en esta relación cuando los mentores escuchan con empatía.

En primer lugar, las personas anhelan ser comprendidas y afirmadas por ser el *bien único* que son. Después de la supervivencia física, esta es la mayor necesidad humana. Los mentores tienen la oportunidad de hacerlo regularmente a través de una escucha empática que, sin palabras, pero claramente les dicen a los aprendices: "Eres bueno. Eres amado. Tienes un valor profundo y dignidad porque existes".

Un segundo beneficio le sigue al primero. La escucha empática es el precursor necesario de la influencia directa.

Muestra que los mentores se preocupan y han tenido en cuenta las necesidades, inquietudes y preguntas de los aprendices. Cuando los aprendices son afirmados y confían en que son entendidos, abren la puerta para aprender y crecer.

El papa Francisco ha hablado bellamente sobre la "mirada amorosa", la mirada que da Jesús cuando silenciosa pero poderosamente declara Su amor particular a una persona irrepetible. A través de la investigación empática y escuchando atentamente, los mentores ofrecen este tipo de mirada amorosa a los jóvenes bajo su cuidado. Es una mirada que ayuda a deshacerse de la ansiedad nacida del miedo a ser juzgados erróneamente. Bajo la mirada amorosa de un mentor, un joven puede asumir los riesgos que solo el amor toma, que *debe* de tomar, para vivir en la verdadera libertad de los hijos de Dios.

5

UNA CULTURA DE VOCACIÓN

Luke Burgis

"Es hora de que nos despertemos del sueño".
–SAN BENITO DE NURSIA–
La regla de San Benito

EN el verano de 2013, me enviaron a una pequeña pintoresca ciudad a la orilla de un lago, Verbania, situada en el norte de Italia para intentar aprender italiano durante seis semanas antes de comenzar las clases de teología (que se impartirían en italiano) en Roma. Pensé que había tenido una idea brillante. Fui a una librería y compré una copia de Pinocho en el original italiano. Leer un libro para niños sería una buena manera de comenzar a aprender el idioma, pensé, y podría ser divertido. Cuando se lo mostré a mi tutor al día siguiente, ella se rio de mí y me dijo: "¡Pinocho no es un libro para niños!"

La película de Disney me había engañado. Los críticos lo tratan como un simple cuento de moralidad que enseña a los niños los beneficios del trabajo duro y los valores de la clase media como la honestidad, la valentía y el sacrificio.

Eso es tan ingenuo como el propio Pinocho. Carlo Collodi, el autor, escribió el libro en medio de la Revolución Industrial durante la unificación de Italia y el surgimiento de sistemas socialistas y autoritarios en Europa y Rusia.

Pinocho es la historia de una marioneta. ¿Qué es una marioneta? Es un títere controlado por cuerdas atadas a sus extremidades, y sus movimientos están determinados por completo por las fuerzas que actúan sobre él.

Pero Pinocho es un tipo peculiar de marioneta. Después de un evento milagroso, ya no tiene cuerdas atadas a él. Él puede tomar decisiones que determinan si se convertirá o no en un "niño real". Sin embargo, se encuentra en una situación peligrosa porque vive en un mundo donde la mayoría de los personajes que conoce son manipuladores. Lo usan para satisfacer sus propios deseos.

Afortunadamente, Pinocho tiene algunos amigos que lo ayudan en el camino. Al final, pueden ayudar a Pinocho a superar las fuerzas que amenazan con frustrar su vocación, y logra su sueño de convertirse en un "niño de verdad" que sea capaz de pensar y actuar en libertad.

Así que prepárate unas palomitas de maíz y sírvete una bebida. Pinocho revela los cinco elementos centrales que cualquier "cultura de la vocación" debe incluir: encuentro personal, lenguaje sincero, capacidad de asombro, creatividad y encarnación (o una preferencia por la carne sobre la madera).

Primero, *encuentro personal*. En la película, Pinocho encuentra una variedad de personajes que lo influencian. Algunos de ellos, Geppetto, el Hada Azul y Pepe Grillo, saben y se preocupan por lo que es bueno para él. Pero casi todos los otros personajes quieren explotarlo.

Al principio de la película, su benevolente creador y padre, Geppetto, le pide un deseo a una estrella para que Pinocho se convierta en un niño de verdad. Esto es simbólico por dar un propósito trascendente a su existencia. Pinocho recibe el don de la vida del Hada Azul.

Sin embargo, eso es solo el principio de la historia. Que se convierta o no en un niño real depende de las elecciones que haga. Puede convertirse en un niño real haciendo lo que es "bueno" y rechazando lo que es "malo", pero el problema es que no siempre está claro qué es bueno y qué es malo. Hay muchas fuerzas que compiten en la vida de Pinocho. Cada encuentro lo ayuda a acercarse o alejarse de convertirse en un niño real.

En la sección de encuentro personal de este capítulo, hablamos del papel fundamental que cada uno de nosotros desempeña en ayudar a otros a descubrir, aceptar y vivir su llamado. Construir una cultura de vocación comienza con la constante conversión personal, la oración y el compromiso de vivir nuestra propia vocación.

Segundo *lenguaje*. La odisea de Pinocho depende de si dice la verdad o no. El discernimiento vocacional de cada persona depende de hablar y vivir en la verdad. Cuando mentimos, nuestra nariz no crece necesariamente más. Sin embargo, estamos partidos y divididos contra nosotros mismos. A una edad temprana, los niños pueden sentir una mentira en el intestino (esta es una realidad fisiológica bien documentada). Su conciencia todavía no se ha confundido con el engaño a sí mismos.

Para construir una cultura de vocación, tenemos que

volver a examinar el tipo de lenguaje que usamos. No podemos remover el agua estancada. Debemos hablar palabras de vida, palabras que sean frescas, verdaderas y edificantes, en un lenguaje que otros puedan entender. Si inspiramos cómo decir la verdad siempre con amor, otros pueden encontrar el valor para hacer lo mismo.

Los tres elementos finales de una cultura de vocación corresponden a los tres fenómenos anti-vocacionales discutidos en el capítulo uno.

Capacidad de Maravillarse. Como respuesta a una cultura calculadora, podemos fomentar una cultura de maravillarse. Cada personaje con el que se encuentra Pinocho, lo convierte en un objeto de cálculo para satisfacer sus intereses comerciales. Ninguno de ellos se para frente a él y se maravilla (¡por el amor de Dios, es una marioneta que se mueve sin cuerdas!) por más de cinco segundos, antes de venderlo a su sistema. Estar maravillados es el antídoto para el sistema calculador porque nos permite sorprendernos. Si Dios se maravilla por nosotros (Se pregunta el salmista "¿qué es el hombre para que te acuerdes de él, el hijo de Adán para que de él te cuides?", Salmo 8:4), entonces, ¿cuánto más nosotros deberíamos de maravillarnos, de cualquier persona que conozcamos hoy, aunque aparentemente sea la menos interesante?

Encarnación. En respuesta a una cultura de desencarnación, debemos vivir la Encarnación de Cristo, que no solo fue un evento histórico único e irrepetible, sino que produjo la transformación del cosmos. La Palabra se hizo carne. El *Logos* de Dios se hizo uno con nosotros hasta el nivel celular. La vocación de Pinocho es convertirse en un niño real con carne y huesos de verdad. Esto es lo que Dios quiere para cada persona. Dice el profeta "Y les daré un corazón nuevo, infundiré en ustedes un espíritu nuevo, quitaré de su carne el corazón de piedra y les daré un corazón de carne" Ezequiel (36:26). No construiremos una cultura de la vocación proponiendo ideas elevadas, sino viviendo nuestras vocaciones en cuerpos de sangre caliente que puedan tocar, sentir, ver, oír y saborear la realidad de Dios y proclamar el Evangelio a través de ellos.

Por último, *creatividad*. En respuesta a una cultura de conformidad, debemos desarrollar una cultura de creatividad que ayude a cada persona a vivir en una fidelidad creativa a la verdad en lugar de ser títeres de la sociedad moderna. Cualquiera con suficiente entrenamiento y disciplina puede seguir órdenes externas. Incluso un perro bien entrenado puede hacer eso.

La oración fúnebre de Pericles presenta el contraste entre los atenienses y los espartanos: mientras que los espartanos se convierten en hábiles guerreros mediante un rígido sistema de entrenamiento (*askesis*) y unas leyes externas que ordenan el combate, los atenienses son más loables porque han aprendido a seguir el impulso de su carácter interno y realizan libremente grandes acciones que los espartanos hacen por compulsión.[1] En cualquier cultura de vocación, debemos honrar la expresión libre y creativa de cada persona al descubrir su propia manera particular de conformarse con la Verdad.

Los cinco elementos centrales de una cultura vocacional

---

[1] Véase la historia de Tucídides de la Guerra del Peloponeso.

comienzan con la educación. En la película de Pinocho, Geppetto lleva a Pinocho a la escuela con una manzana para su maestro y un libro en la mano. "Tienes que ir a la escuela para aprender cosas y ser inteligente", le dice. Cuando Pinocho pregunta por qué, Geppetto responde: ¡Porque sí!" Aquí es cuando comienzan los problemas de Pinocho. Tan pronto como da la vuelta en la esquina para ir a la escuela, el zorro astuto y conspirador lo confunde, lo engaña acerca de su educación y se lo lleva a su lado con promesas de fama.

Pinocho merecía una mejor respuesta a la pregunta: "¿Por qué ir a la escuela?" Millones de jóvenes se hacen hoy la misma pregunta. Si no podemos responder a la pregunta, si no podemos ayudar a la próxima generación de estudiantes a entrar en el mundo con un sentido de propósito y la capacidad de discernir lo que es bueno, hay muchas otras personas que lo harán. Y quizá ellos no serán siempre amistosos.

EDUCACIÓN

"¿Qué importa la escuela? Podemos ir a la escuela mañana. Si tenemos una lección más o una lección menos, siempre seremos los mismos burros ".

–CARLO COLLODI–
Pinocho

Las universidades de renombre extraen cantidades de dinero enormes para otorgar su imprimátur, pero sus promesas (iluminación, madurez, estabilidad para toda la vida) ya no son dignas de creer. Sin embargo, estas instituciones se promocionan a sí mismas como un necesario rito de iniciación, incluso mientras los estudiantes se gradúan con niveles récord de endeudamiento, carecen de dirección y enfrentan una incertidumbre total sobre el futuro.

Sin un propósito personal, los estudiantes son cooptados o presionados en la creencia posmoderna de que todo está abierto a un número infinito de interpretaciones. Se centran en los requisitos de su carrera, la vida social y una mezcolanza de problemas de justicia social. Carecen de un propósito trascendente que les de unidad y significado a sus vidas.

En poco tiempo, los estudiantes están desilusionados (los peligros de ser un títere son innumerables), y un salvador viene con una salida fácil. Para Pinocho, era su "amigo", el Zorro. Él convence a Pinocho de que es una víctima que necesita unas vacaciones en lugar de alguien que necesita asumir la responsabilidad de su vida. El Zorro le ofrece a Pinocho un viaje a La Isla del Placer, donde reina la gratificación instantánea. "¡Aquí mismo, chicos!" escucha a su llegada. "¡Consigue tu pastel, tus pepinillos, tu pay o tarta con helado! ¡Coman hasta llenarse! ¡Todo es gratis, muchachos! ¡Es todo gratis! ¡Date prisa, córrele, apúrate, date prisa! "Al final de la noche, Pinocho está mordiendo un cigarro y jugando al billar con sus nuevos amigos.

Pero recuerda lo que sucede en la Isla del Placer: los niños se vuelven burros que rebuznan en un sistema totalitario que los convierte, literalmente, en burros. Ya no pueden pensar o hablar por sí mismos. Pierden sus personalidades, y pierden todo sentido de propósito.

Pinocho apenas puede escapar antes de que se complete totalmente su transformación.

Esta no es una historia para niños. Este es el estado de

la educación moderna.

La buena noticia es que hay un propósito de educación que trasciende los límites del campus, los márgenes de un currículum y las costas de la Isla del Placer: uno que transforma a los estudiantes en ciudadanos responsables, y algunas veces incluso en santos, en lugar de en los burros.

El concepto de *paideia*, la educación de los ciudadanos en el bien integral de la persona humana fue central en la cultura griega hace 2.500 años. Toda la comunidad griega asumió la responsabilidad de dar forma a los valores de sus jóvenes ciudadanos para que pudieran alcanzar la excelencia en todas las áreas de sus vidas. El cristianismo transformó a *paideia* al enraizar la formación de personas humanas no a la imagen del ciudadano ideal (como en la *polis* griega, o ciudad), sino a la imagen de Jesucristo, *perfectus deus, perfectus homo*, (Dios perfecto, hombre perfecto) que "Cristo, el nuevo Adán, en la misma revelación del misterio del Padre y de su amor, manifiesta plenamente al propio hombre y le descubre la sublimidad de su vocación"(RH §8).

El arzobispo Charles Chaput escribió que el objetivo de la educación en la Arquidiócesis de Filadelfia es la de "equipar santos para la vida en este mundo y en la próxima". Incluso la educación en su forma secular -la educación que no proclama a Jesús como el Camino, la Verdad y la Vida- debería al menos formar estudiantes que sean capaces de descubrir la realidad de la fe cristiana, en lugar de oscurecerla, confundirla o convertirse en un escándalo (de *skandalon*, literalmente, un obstáculo) a las creencias religiosas. En otras palabras, toda educación debe formar personas que puedan ser santas.

En su libro *La Oración como problema político*, el sacerdote francés Jean Danielou, SJ, escribió: "Si la política no crea condiciones en las que el hombre pueda realizarse completamente, se convierte en un obstáculo para esa realización".[2] Podemos sustituir la "educación" por "política" y llegar a la misma conclusión.

La educación debe dar a los estudiantes la capacidad de navegar en el mundo hostil en el que vivimos -uno muy parecido al de Pinocho- para vivir en la verdadera libertad que les permita cumplir con sus vocaciones. Debe formar personas capaces de discernimiento, que puedan discernir "todo cuanto hay de verdadero, de noble, de justo, de puro, de amable, de honorable, todo cuanto sea virtud o valor ténganlo en aprecio" (Flp 4:8).

Esto puede hacerse sin un enfoque explícito en la formación teológica porque siempre hay *semina Verbi*, semillas de la Palabra, que se pueden cultivar a través del encuentro personal, el lenguaje, la capacidad de maravillarse, la encarnación y la creatividad.

En la década de 1970, el Dr. John Senior y sus colegas de la Universidad de Kansas lanzaron el Programa de Humanidades Integradas, que fue diseñado para inculcar la maravilla y fomentar la búsqueda de la verdad en los estudiantes de la universidad. Observaron las estrellas, recitaron poesía y leyeron los libros que dieron forma a la civilización occidental. Muchos estudiantes tuvieron experiencias de conversión y abrazaron sus vocaciones

---

[2] Jean Daniélou, L'Oraison problème politique (Bibliothèque du Cerf, 2012)26

(incluso muchos como sacerdotes y religiosos) tanto que el programa finalmente estuvo bajo sospecha por los líderes de la universidad y lo cerraron.

El Programa de Humanidades Integradas no defendía explícitamente al cristianismo, pero los estudiantes fueron guiados a Cristo por su búsqueda apasionada de la verdad. Fue un auténtico programa de humanidades porque expone a los estudiantes a todo lo que es verdaderamente humano, incluyendo lo más humano de todos: maravilla frente a lo numinoso, (que sobrepasa toda la comprensión o entendimiento) el *mysterium fascinans et tremendum* (el misterio que tanto te fascina y te hace temblar) que penetra en nuestra existencia. El programa abrió la puerta a la santidad porque formó a los estudiantes con un espíritu de discernimiento, capacidad de asombro, despertado del sopor de la mediocridad que se aprende en un mundo que nos dice que el objetivo más elevado de nuestra existencia es ser una "buena persona". (Lo cual, de acuerdo con nuestro mundo secular, significa que no hayas matado a nadie, pagues tus impuestos y nunca hagas sentir mal a nadie).

Hay razones para creer que una exploración más intencional de la vocación también beneficiará a los estudiantes universitarios. En 1999, La Fundación Lilly Endowment emprendió un proyecto para ver qué pasaría si se entretejiera una cultura de vocación a la experiencia de los estudiantes en carrera en una variedad de institutos y universidades afiliadas a la iglesia. Las escuelas eran diversas, desde aclamadas universidades de investigación hasta pequeñas universidades de artes liberales, y tenían un amplio rango de compromiso religioso. Ochenta y ocho escuelas fueron seleccionadas entre más de cuatrocientos solicitantes. Se otorgaron más de $225 millones de dólares en subsidios para implementar el Programa de Exploración Teológica de la Vocación (PTEV por sus siglas en inglés). Cada una de las universidades participantes implementó un nuevo plan de estudios, seminarios, relaciones con mentores y otro apoyo para que los estudiantes exploraran la vocación dentro de sus contextos institucionales únicos. Se dedicaron frecuentemente a cuestionar las preguntas fundamentales "¿Y qué?" y "¿A quién le importa?" Los resultados fueron extraordinarios.

Tim Clydesdale, autor de The Purposeful Graduate: Why Colleges Must Talk to Students about Vocation (El Graduado con propósito: Por qué las universidades deben hablar con los estudiantes sobre la vocación), entrevistó a cientos de graduados universitarios recientes para tratar de comprender los efectos del PTEV. Él cuenta historia tras historia de estudiantes e instituciones que se beneficiaron de un enfoque organizacional para ayudar a los estudiantes a entender sus vidas como una vocación. Quienes participaron en PTEV expresaron mayor satisfacción con la vida después de la universidad que aquellos que no lo hicieron en seis categorías principales: trabajo o vida de posgrado, finanzas, arreglos de vivienda, vida social, vida amorosa y vida espiritual.[3]

De las ochenta y ocho escuelas participantes, ochenta y tres campus optaron por continuar sus programas de alguna forma después del período de financiamiento

---

[3] Un resultado estadísticamente significativo que se mantuvo firme incluso después de controlar el género, la raza, la edad, el nivel socioeconómico y la asistencia de los encuestados en los servicios religiosos.

inicial. El ochenta y seis por ciento de los encuestados de la facultad estuvieron de acuerdo o muy de acuerdo en que los programas de exploración de su escuela habían "tenido un impacto positivo en mi propio trabajo"; el setenta y cinco por ciento estuvo de acuerdo en que la participación "me ayudó a perfeccionar mi propio sentido de 'vocación', 'llamado' o 'propósito'", y el ochenta y cinco por ciento dijo que la participación "profundizó mi aprecio por la misión de (esta escuela)". Los porcentajes fueron aún más altos entre los participantes del personal: el noventa por ciento, el ochenta y cuatro por ciento y el noventa y tres por ciento, respectivamente. El punto clave de Clydesdale fue que "la exploración del propósito produce un patrón de vida examinada y un compromiso positivo con los demás, lo que aumenta las probabilidades de que los adultos emergentes prosperen después de graduarse de la universidad".[4]

Una cultura vocacional en la educación es lo que John Henry Newman articuló esencialmente en sus conferencias, *La Idea de una universidad*. El propósito de una universidad comienza y termina con el propósito de sus estudiantes, y cada uno de ellos fue hecho para el cielo. Todo el conocimiento en el mundo no es suficiente para hacer buenos ciudadanos, y mucho menos santos. "Excava roca con navajas de afeitar, o amarra un recipiente con un hilo de seda", escribió, "entonces puedes tener esperanza que con instrumentos tan finos y delicados como el conocimiento humano y la razón humana puedes luchar contra esos

---

[4] Timothy Clydesdale, The Purposeful Graduate: Why Colleges Must Talk to Students about Vocation (Chicago: University of Chicago Press, 2015), 124.

gigantes de la pasión y el orgullo del hombre".[5]

Según Newman, la voluntad no se mueve por ideas sino por personalidades, y las instituciones tienen personalidades. Una educación no es simplemente una colección de clases, clubes y requisitos básicos: es una cultura. Tan importante era la cultura de una universidad para Newman, que prefería un Oxford vibrante, dirigido por estudiantes, con aulas vacías y sin profesores a un Oxford culturalmente muerto, donde profesores mal educados diseñaban un plan de estudios para estudiantes abstractos e intercambiables. Una universidad es un organismo vivo, y debe estar lleno de vida. Dale a Newman un ardiente debate entre compañeros de carrera sobre el significado de "la teoría de la guerra justa" decidido por un combate de lucha libre en el patio central de la universidad y no un profesor cuya única guerra es el luchar cada mañana con sus corbatas de moño. Newman pensó que el desarrollo humano integral ocurre cuando la persona entera está comprometida. Es mejor hacer reír, llorar o enojar a los alumnos que tener una cultura tan estéril que no genere respuestas humanas.

Para Santo Tomás de Aquino, el desarrollo humano integral tiene sus raíces en el amor. Una persona puede tener un intelecto penetrante, destreza atlética o una inclinación a servir a los demás, pero estas cosas solo lo hacen "bueno" de una manera. Como la voluntad gobierna todas las otras facultades, y lo que hace que la voluntad sea "buena" es el amor, entonces, solo el amor es capaz de hacer que una

---

[5] John Henry Newman, Discourses on the Scope and Nature of University Education: Addressed to the Catholics of Dublin (Cambridge: Cambridge University Press, 2010), 196.

persona sea buena. Es la forma de cada virtud y la fuerza que dirige la búsqueda del conocimiento.

La educación es acerca de aprender a amar, y el amor es asunto de los santos. Un santo, después de todo, es una persona que ha aprendido a amar en la más alta y plena expresión del amor.

Los cinco elementos de una cultura vocacional están arraigados en el amor y conducen al amor. El amor es personal, se expresa en el lenguaje, se maravilla, está encarnado y es creativo. Lo más importante, es activo. El amor *hace*.

LOS CINCO ELEMENTOS DE UNA CULTURA VOCACIONAL

En una conferencia sobre vocaciones en enero de 2017, el Papa Francisco dijo que hay una urgencia de crear una nueva "cultura vocacional" en la Iglesia.[6] Animó a los fieles a encontrar nuevas formas valientes para anunciar el Evangelio de la vocación. Para describir cómo es una vocación, usó la imagen de un manantial de agua escondido en las profundidades de la tierra que espera el momento adecuado para brotar. En nuestros desiertos de vocación, hay millones de manantiales esperando brotar y extender el agua que da vida al resto de la tierra.

La gente tiene sed. Los cinco elementos de una cultura vocacional que siguen son *conocer y amar* a cada persona en nuestras vidas para que la fuente de agua dentro de ellos

---

[6] Papa Francisco, discurso en la convención de la Oficina de Vocación de la Conferencia Episcopal Italiana titulada "Levántate, ve y no temas". Vocación y santidad: estoy en una misión "(5 de enero de 2017).

pueda fluir libremente. Comienza con un encuentro.

Encuentro personal

No construiremos una cultura de la vocación entregando folletos educativos, haciendo presentaciones, organizando conferencias o mejorando el uso de las redes sociales. Los movimientos vivos no surgen por un comité, y las propuestas no cambian los corazones. Pero "las personas nos influyen, las voces nos derriten, las miradas nos vencen, las obras nos inflaman",[7] escribió el cardenal John Henry Newman.

Tenemos que arriesgarnos a complicar nuestras vidas, huir de los limpios confines de uno mismo para salir hacia el otro y encontrarnos con él en un territorio desconocido en la periferia. Así es como nos encontramos con las personas como misterios y no como problemas. Tratar a una persona como un problema es mantenerlo a una distancia segura. Pero mirarlo como un misterio, y cada persona es un misterio, *es involucrarse en su vida,* es convertirse en un participante pleno.

Los encuentros personales son críticos porque los medios más comunes para revelar y transmitir la verdad no son los libros o las fórmulas: son las personas. La historia ha nacido así. Once de los doce apóstoles fueron martirizados por la verdad de lo que habían visto y oído. Desde entonces, cerca de setenta millones de cristianos han dado sus vidas por la misma verdad. Se calcula que solo en la última década,

---

[7] John Henry Newman, *An Essay in Aid of a Grammar of Assent* (New York: The Catholic Publication Society, 1870), 89–90.

novecientos mil cristianos han sido martirizados por su fe.[8] Imagínense, en cambio, si hubieran proclamado a Cristo en palabras solamente, sin el testimonio de sus vidas. El mundo sería un lugar muy diferente. Lo mismo ocurre con nuestras vocaciones.

En un día frío y húmedo de primavera de 2017, tomé el tren de Grand Central Station a Tarrytown, Nueva York, al Stone Barns Center for Food & Agriculture y pasé una tarde con Fred Kirschenmann, el presidente de la Junta de Stone Barns. Leí su ensayo "Reflexiones teológicas al castrar un becerro" y quería saber cómo tener reflexiones teológicas mientras se castra un ternero (así que primero tendría que aprender a castrar un ternero).

Aprendí que la vida de Fred cambió con un encuentro. Obtuvo su doctorado en filosofía en la Universidad de Chicago y se convirtió en director del Consorcio para Estudios de Religión de Educación Superior en Dayton, Ohio a principios de los años setenta. Allí conoció a un estudiante, David Vetter, que cambió su vida. "Inmediatamente me sentí atraído por él", dice Fred, porque fue una de las primeras personas que habló sobre la importancia de cuidar el suelo.

David había estado investigando el impacto del tratamiento orgánico en el campo sobre la calidad del suelo, y estaba apasionado en desarrollar una ética de la tierra que se pudiera poner en práctica en una granja real. Cuando el padre de Fred sufrió un ataque al corazón, Fred decidió abandonar la academia y regresar a su hogar en la granja de

---

[8] El Centro para el Estudio de la Cristiandad Global, citando el siguiente estudio: http://www.gordonconwell.edu/ockenga/research/documents/ 2Countingmartyrsmethodology.pdf

su familia en Dakota del Norte. Inspirado por su amistad con David, Fred convirtió la operación agropecuaria de mil, doscientas hectáreas de su familia en una granja orgánica.

Un encuentro casual con un estudiante le dio una nueva trayectoria a la vida de Fred. Hoy, él es una de las voces principales en ecología. Su granja orgánica de siete mil, trescientas hectáreas fue perfilada en la galardonada película, *My Father's Garden (El Jardín de mi padre)*, y en 2014 ganó el Lifetime Achievement Award (Premio por los logros de su vida) de la Federación Internacional del Movimiento de Agricultura Orgánica.

Le pregunté a Fred qué había sido para él dejar una carrera académica asegurada y regresar a la granja familiar. "Nunca he hecho nada de lo que había planeado", dijo. "Solo he respondido a las cosas que surgen".

Fred respondió a su padre, y le dio a su vida entera un nuevo significado. Fred me dijo que su padre creció en el Dust Bowl (Cuenco de Polvo) en la década de 1930. "Mi padre fue una persona increíblemente reflexiva de profundos conocimientos... Él sabía de alguna manera que el Cuenco de Polvo no era solo sobre el clima, lo que la mayoría de sus vecinos pensaban. También se trataba de la forma en que los granjeros cultivaban". Conocía el Dust Bowl mucho más allá de los límites de su educación de sexto grado. Él tenía conocimiento tácito.

"Se convirtió en un defensor radical de la importancia de cuidar la tierra", dijo Fred. "Todavía puedo verlo en mi imaginación dándome una conferencia con su dedo clavado en mi pecho, diciéndome lo importante que era cuidar la tierra". Pasó esas ideas a su hijo, Fred, que nunca olvidó la manera en que lo miraba cuando lo señalaba con el dedo.

Y mientras caminábamos por la granja ese día, podía decir que Fred, al igual que su padre, conocía la tierra de una manera que uno nunca podría saber al leer sobre ella en los libros. Él lo sabía con naturalidad. Él lo sabía porque había vivido allí toda su vida.

Un niño aprende confianza al mirar los ojos de su padre durante una tormenta eléctrica. Aprendemos acerca de la realidad del llamado personal observando a un agricultor caminar por su tierra, un maestro artesano en su oficio, una madre amamantando a su hijo. Sus acciones revelan verdades que las palabras no logran capturar.

Los apóstoles aprendieron quién era Jesús de esta manera. "Hay además otras muchas cosas que hizo Jesús. Si se escribieran una por una, pienso que ni todo el mundo bastaría para contener los libros que se escribieran". (Juan 21:25).

Los apóstoles descubrieron sus vocaciones a través de un encuentro personal.

Lenguaje

Poco después de que Geppetto descubre que Pinocho está vivo, lo presenta al gato, Fígaro. "¡Dile hola a Fígaro!" Le dice a Pinocho. Y él hace como eco: "¡Dile hola a Fígaro!"

Pinocho no puede distinguir el comando ("Dile") del contenido ("Hola") del objeto ("Fígaro"). No es completamente humano en este punto de la historia, por lo que solo puede repetir lo que escucha, palabras sin significado. Todavía no ha tenido mucho contacto con la realidad, por lo que sus palabras están vacías.

C. S. Lewis entendió la diferencia entre las palabras y el significado. "La razón es el órgano natural de la verdad, pero la imaginación es el órgano del significado", escribió en su ensayo "Bluspels y Flalansferes" *(Bluspels y Flalansferes, Una pesadilla semántica)* Lewis creía que no entendíamos realmente el significado de ninguna palabra o concepto hasta que no tuviéramos una clara ilustración o imagen conectada a ella. Compara la inconstancia del deseo humano con alguien que prefiere hacer pasteles de barro en un barrio pobre en lugar de pasar unas vacaciones en el mar porque todavía no puede imaginarse cómo son las vacaciones en el mar.

Tal vez esto también sea un problema en el trabajo de cultivar las vocaciones. ¿Pueden los jóvenes realmente imaginarse qué es una "vocación bien vivida"? ¿Tienen una imagen de lo que parece eso? En uno de sus sermones anglicanos más conocidos, "Palabras irreales", John Henry Newman exhorta a los cristianos a no decir palabras o frases que trivialicen las realidades profundas a las que se refieren. Él quería que la gente se diera cuenta de las verdades que profesaban tan despreocupadamente. En su sermón, advierte contra

el modo en que la gente habla de la brevedad y la vanidad de la vida, la certeza de la muerte, las alegrías del cielo. Tienen lugares comunes en sus bocas... hacer comentarios verdaderos y sonoros, y en sí mismos profundos, pero sin significado en sus bocas... O cuando caen en pecado, hablan de que el hombre es frágil, del engaño del corazón humano, de la misericordia de Dios, etc., todas estas grandes palabras, el cielo, el infierno, el juicio, la misericordia, el arrepentimiento, las obras, el mundo que ahora es, el mundo por venir, siendo poco más que "sonidos sin vida" ... en sus bocas y oídos... como decencia en la conversación o cortesías de una buena educación..[9]

Deberíamos revisarnos a nosotros mismos. La palabra "vocación" se usa a menudo de manera ambigua o errónea, para referirse a la vocación de cada persona en un momento dado, y solo a la vocación de sacerdotes y religiosos al siguiente momento. Para hacer las cosas aún más confusas, comúnmente se entiende que "capacitación vocacional" significa aprender un oficio o habilidades comercializables (plomería, trabajo eléctrico o construcción) en preparación para el empleo. Con tanto enredo alrededor de la palabra "vocación", tenemos que hacer un esfuerzo intencional para recuperar su significado teológico y toda la fuerza de sus implicaciones.

También escuchamos que algunas personas "tienen" una vocación. ¿En qué sentido uno "tiene" una vocación? Una vocación es un llamado de Dios, un regalo completo, que solo se puede recibir en gratitud y responder a través del regalo de la vida de uno mismo. Una vocación está en el nivel de ser, no en el nivel de tener. Todos están siendo llamados, pero no todos responden.

---

[9] John Henry Newman, Realizations: Newman's Own Selection of His Sermons, ed. Vincent Ferrer Blehl (Collegeville: Liturgical Press, 2009), 78.

Si vamos a crear una cultura de vocación, debemos hablar en un lenguaje que no la traicione.

Cuando entré por primera vez a la formación de seminario, hablé con un sacerdote que me contó la historia de un seminarista de nuestra diócesis que "desafortunadamente no perseveró". La palabra "perseverar" se me quedó grabada en la cabeza. Más tarde me enteré de que este seminarista en particular discernió, con bastante seguridad, que no fue llamado al sacerdocio.

No hay nada noble en perseverar en el camino equivocado simplemente por el hecho de perseverar. Sin embargo, ese tipo de lenguaje apelaba al lado oscuro de mi motivación. *Yo soy alguien que persevera*, pensé. La idea de que podría no perseverar me aterrorizaba. En ese momento, no tenía la madurez espiritual para poner en contexto, el aliento bien intencionado del sacerdote.

A menudo, los hombres y mujeres jóvenes que disciernen una vocación, cualquier vocación, son muy sensibles a las opiniones de los demás. Debemos ser conscientes de esto y darles espacio para discernir la voluntad de Dios, no la nuestra.

Las "Palabras irreales" de John Henry Newman es un llamado a tomar las palabras en serio. Cuando decimos cosas que en realidad no queremos decir, cuando hablamos como pericos o decimos cosas que creemos que otras personas quieren escuchar, cuando adaptamos nuestro lenguaje a los aforismos populares dentro de una comunidad, comenzamos a estar divididos contra nosotros mismos.

Vivir en un seminario con doscientos cincuenta hombres por un tiempo fue un estudio en autenticidad para mí. Durante los primeros seis meses después de nuestra llegada a Roma, todos éramos "buenos", todos los días (incluso cuando platicábamos a las seis de la mañana en el camino a la capilla). Incluso si un hombre dudaba seriamente si se suponía que debía o no estar allí, diría cosas como: "Si Dios lo permite, seré ordenado el próximo año". Cinco días después, él se había ido. Con el tiempo, las apariencias dieron paso a lo ordinario: "¡Hombre, estoy muy cansado y muy estresado!" Y qué dulce sonido fue ese.

Aquí hay importantes hábitos de discernimiento relacionados con el lenguaje: trate de nunca decir nada irreal, deje de mentir (consciente o inconscientemente) y desarrolle un compromiso obstinado para hablar de manera auténtica en cada situación. La verdad arde, y quemará toda la falsedad que contamina el discernimiento.

Jordan Peterson, un profesor de psicología en la Universidad de Toronto, aconseja a sus alumnos que piensen detenidamente sobre cuánto de lo que dicen no es una expresión auténtica de quiénes son. Él recomienda algo así como un "examen particular de conciencia" al final de cada día. Cuando Peterson comenzó la práctica por primera vez, se sintió mortificado al descubrir que el noventa y cinco por ciento de todo lo que decía era falso. Las falsedades tenían que ser quemadas como la madera muerta en un bosque para poder comenzar a hablar de manera fructífera y poderosa sobre las cosas que verdaderamente le importaban.

Si la tarea parece desalentadora, podemos sacar una página del libro de Ernest Hemingway. Cuando estaba luchando con el bloqueo del escritor, tenía una regla simple:

escribir una oración verdadera. Y después de eso, escribe otra. Y otra.

A veces, la verdad quema. Pero siempre libera.

Una Cultura de asombro: el antídoto a una cultura calculadora

"Los hombres se van al extranjero a admirar las alturas de las montañas, las enormes olas del mar, los largos cursos de los ríos, la gran magnitud del océano, los movimientos circulares de las estrellas, y pasan de largo sobre ellos mismos sin admirarse".

–ST. AGUSTÍN–
Confesiones

Los *flâneurs* parisinos del siglo XIX, hombres y mujeres de ocio a quienes Honoré de Balzac describió como practicando "la gastronomía del ojo", traían a las tortugas mascotas en sus paseos por los parques para ayudarlos a reducir el ritmo y disfrutar de las maravillas alrededor de ellos.

Hoy, serían sopa de tortuga.

Nuestra cultura calculadora se mueve rápido. Google revisa aproximadamente doscientos millones de resultados de búsqueda en menos de medio segundo. La compañía admite que toda su estrategia es "hacer que los usuarios entren y salgan muy rápido": cuanto más rápido se mueva la gente a través de la información, más dinero obtendrá Google. Si nos tomamos el tiempo para detenernos en algo, no estamos buscando.

Programamos computadoras, y luego nuestras computadoras nos programan. Hemos aprendido a buscar y descartar millones de opciones todos los días. Todos los algoritmos de Google se basan en cálculos fríos sobre lo que podría ser valioso o importante para nosotros.

Estos cálculos dan como resultado una cultura desechable tan aburrida como los números en los que se basa. ¿Cuándo fue la última vez que te maravillaste con asombro en un resultado de búsqueda en Google?

Una vocación la vive una persona que ha llegado a un resultado irrepetible: una relación única con Dios para toda la eternidad. Es una oportunidad plena, llena de acontecimientos que sobrepasan nuestra capacidad de comprenderlos en esta vida: es una oportunidad de entrar por una puerta abierta, y dar un giro inesperado. Una vocación se viaja lleno de maravilla, reconocida en la fe.

¿Cómo podemos dejar de maravillarnos con la vida? Una forma es hacer que sea un objeto calculador. Considera el misterio de la vida humana. Un embarazo dura nueve meses y tiene incertidumbres. En la oscuridad del vientre materno, se desarrolla un proceso misterioso que incluso los mejores cálculos no logran captar.

La maravilla que experimentan los padres frente a un recién nacido solo se produce después de un período de gestación de nueve meses. La maravilla toma tiempo. Permite que la vida siga y se desarrolle por sí misma. Es por eso que las clínicas de aborto son lugares calculadores, no de asombro. En el cálculo la vida se vuelve pequeña, incluso desechable. La vida crece en la maravilla.

La vida eterna la describe Jesús como el viaje de una futura madre: "La mujer, cuando va a dar a luz, está triste, porque le ha llegado su hora; pero cuando ha dado a luz al niño, ya no se acuerda del aprieto por el gozo de que ha nacido un hombre en el mundo" (Juan 16:21). La alegría del mañana se siente como dolor hoy, pero es la misma realidad tomando una forma cada vez más clara dentro del alma: la vida de Jesucristo. Las vocaciones nacen en la maravilla, como el lema en latín que el Programa de Humanidades Integradas en la Universidad de Kansas dice: *Nascantur en Admiratione* ("Déjalos nacer maravillados").

Durante sus dolores de parto, los jóvenes necesitan la compañía descrita desde la época de Sócrates como *maieutics* (mayéutica), el término griego para la partería. Sócrates le dice al joven Teeteto: "Estos son los dolores del trabajo, mi querido Teeteto; tienes algo dentro de ti que estás produciendo". Sócrates se compara con una partera, una que puede establecer el embarazo, inducir el parto, calmar su dolor y ayudar a tener un hijo sano. En filosofía, esto significa dar a luz un libro, un amor o una gran idea. Para nosotros, sin embargo, significa compañerismo espiritual. Cada uno de nosotros es una "partera de la vocación" de los demás.

Nadie puede ser una partera sin entrar en el tiempo y el ritmo de la vida de otra persona. Para caminar por el camino de cada persona irrepetible, debemos dar el regalo de nuestro tiempo irrepetible. En nuestra cultura consumista, es fácil pensar en *qué gastamos* el tiempo en lugar de *con quién* pasamos el tiempo. Pero nada revela más al amor como el tiempo.

Este don del tiempo no puede darse a programas, sistemas o métodos. Tiene que ser dado a las personas. Experimentemos lo maravilloso con ellos. Leamos a los maestros y practiquemos la "gastronomía de los ojos" frente al arte bello. Aprendamos a ver un lugar común con ojos poco comunes, miremos las estrellas, pasemos tiempo en la naturaleza y vamos a sumergirnos en lo más maravilloso de todo, la vida de Cristo.

Una Cultura de la encarnación: el antídoto a una cultura de desencarnación

"El cuerpo, de hecho, y solo el cuerpo, es capaz de hacer visible lo que es invisible: lo espiritual y lo divino. Ha sido creado para transferir a la realidad visible del mundo, el misterio oculto desde la eternidad en Dios, y así ser un signo de ello".

–JUAN PABLO II–

Teología del cuerpo

La película clásica de 1981 *Carros de Fuego* cuenta la historia de Eric Liddell, un corredor cristiano en los Juegos Olímpicos de 1924. Él les dice a sus amigos: "¡Creo que Dios me creó para un propósito, pero también me hizo rápido! Y cuando corro, siento su placer". Incluso si Eric no sabía con claridad cuál era su propósito en la vida, sabía que Dios lo hizo rápido, y ese es un gran lugar para comenzar.

¿Cuándo sientes el placer de Dios? El Cuerpo de Cristo realmente necesita saber. Esta es una de las razones fundamentales para tomarse el tiempo de escuchar la historia de otra persona. Eric Liddell sintió el placer de Dios cuando corría rápido. Glorificamos a Dios en nuestros cuerpos (1 Cor 6:20), así que las historias más importantes que podemos escuchar son las de la *acción* encarnada. Estas son las historias de personas glorificando a Dios en sus cuerpos. Vivimos en un mundo cada vez más incorpóreo, sin cuerpo. Algunos en la Iglesia han dicho que la Internet es el "Nuevo Areópago", el lugar más importante en la antigua Grecia, donde la gente se reunía y hablaba, y que deberíamos participar activamente en él como parte de la nueva evangelización. Eso es una buena idea. Pero el Areópago griego involucraba encuentros personales tan cerca que la gente podía oler el sudor de los demás. Tal vez seríamos sabios si usáramos nuestra propia "prueba del olfato" para compartir el evangelio de una manera más encarnada.

El papa Francisco escribió que "las realidades son más grandes que las ideas", un principio clave en el desarrollo de una cultura de vocación. Él dice que este principio "tiene que ver con la encarnación de la palabra y su puesta en práctica" ... El principio de la realidad, de una palabra ya hecha carne y constantemente luchando por tomar nuevamente carne"[10] (*Evangelii gaudium*, no. 233). Hay una dialéctica entre realidades e ideas. Cuando las ideas se desconectan de la realidad, son ineficaces para llamar a alguien o cualquier cosa a la acción. Carecen de peso.

W.H. Auden escribió una vez que la "esencia de la oración es prestar atención". En su poema *Like a Vocation* (Como una Vocación), comienza con imágenes fantásticas e idealistas de la vocación. Esas imágenes enseñan lo que no es su vocación:

---

[10] Papa Francisco, Exhortación Apostólica sobre La Alegría del Evangelio *Evangelii gaudium*, §49 (en adelante EG).

No como ese sueño de Napoleón, el temor y el
   centro del rumor,
Ante quien todas las multitudes se dividen y, quién
   dedica una columna y se retira,
Ni como ese general favorito o visitante
   despreocupado.
Para quien el clima y las ruinas significan tanto.

Auden, llega a la conclusión de que estas ideas "existen
en la hora de la desaparición". Luego, hay un movimiento
rápido hacia una idea de vocación arraigada en una realidad
concreta, que existe "en algún lugar siempre":

Pero siempre en algún lugar, no un lugar particularmente inusual,
Casi en cualquier lugar en el paisaje de agua y de
   casas,
Su llanto siempre está de pie, compitiendo sin
   éxito con el llanto del tráfico o de los pájaros,
El que te necesita, ese aterrorizado niño imagina-
   tivo que solo te conoce como lo que los tíos
   llaman una mentira,
Pero sabe que él tiene que ser el futuro y que solo
   los mansos heredan la tierra, y no es ni encan-
   tador, ni exitoso ni una multitud;
Solo entre el ruido y las reglas de verano,
Su llanto sube hacia tu vida como una vocación.[11]

---

[11] W.H. Auden, Collected Poems (New York: Modern Library, 2007),
255.

Los llantos de un bebe recién nacido han llamado a muchos hombres y mujeres a una vida de amor y sacrificio. Para alguien que ha pasado décadas soñando con lo que podría ser su vocación, de repente hay un deber claro que se arrastra hacia su vida en carne y hueso. . . como una vocación. Podría ser en la forma de su hijo. Podría ser en la forma de su vecino. Pero siempre está en la forma de un Verbo encarnado, no uno incorpóreo.

Una Cultura de la creatividad: el antídoto a una cultura de la conformidad

"La originalidad consiste en regresar al origen".

—ANTONIO GAUDI—

La realidad es más importante que las ideas. La Realidad también es más grande y más hermosa que las ideas. Si alguien duda de esto, es suficiente mirar a la naturaleza. Actualmente hay alrededor de 298,000 especies de plantas en la tierra y 7.8 millones de especies de animales. Dentro de cada especie hay una diversidad increíble: miles de millones de diseños distintos. Si reuniéramos a todas las mentes más creativas en la tierra no podrían producir un mundo con un ápice de su belleza y grandeza. La Tierra Media de Tolkien es un lugar vasto y fascinante en nuestra imaginación. Pero si realmente existiera, palidecería en comparación con el mundo en el que vivimos.

El problema de mantener la vocación en el ámbito de las ideas es que nos limitamos a los prototipos. Podemos imaginarnos a un sacerdote (y tal vez incluso tengamos en mente a un sacerdote particularmente memorable), pero no a cada sacerdote en particular, y ciertamente no al sacerdote en el que una persona podría llegar a ser si fuera ordenado. Nuestra creatividad es limitada, pero la de Dios es infinita. Él tiene billones de vocaciones únicas en mente, una para cada persona en la tierra. En un buen día, probablemente podríamos nombrar a mil. Dejamos afuera la "cola larga" de la curva de distribución, pero Dios no lo hace. Alguien en algún lugar tiene una vocación que nunca pensé que existiría y que nunca, en mis sueños más locos lo hubiera podido imaginar.

La conformidad es algo complicado porque las personas generalmente no se ajustan a las realidades, que son infinitamente ricas, sino a las ideas, que a menudo son genéricas y superficiales. La conformidad, en cada caso, siempre se ajusta a algo menos que la persona completa, a menos que sea para Cristo.

En la educación, la falta de atención personalizada y única frecuentemente lleva a los maestros a poner a los estudiantes en compartimientos, lo que fomenta otra forma de conformidad. En nuestros sistemas educativos, los estudiantes son evaluados y categorizados desde una edad temprana, de acuerdo con las ideas que la sociedad tiene sobre lo que es valioso o no. Sir Ken Robinson, en su charla TED: "¿Matan la creatividad las escuelas?" cuenta la historia de Gillian Lynne y su escape de una vida de conformidad.[12]

Gillian no podía dejar de moverse nerviosamente, sin

[12] Sir Ken Robinson relata la historia completa en su excelente libro *Element: How Finding Your Passion changes Everything* (Nueva York: Penguin Random House, 2009), ubicación del libro electrónico 155.

importar lo mucho que lo intentara. La niña de ocho años se balanceaba vigorosamente en su silla e interrumpía a sus compañeras de clase con su movimiento continuo y con el ruido que producía. Ella entregaba las tareas tarde, su letra era pobre, y no parecía estar siguiendo las lecciones. Finalmente, la escuela envió a los padres de Gillian una carta recomendando que asistiera a una escuela especial para niños con trastornos de aprendizaje.

Sus padres primero llevaron a Gillian a un especialista para que le hiciera una evaluación y descubrir qué estaba pasando. El doctor habló con su madre y observó a Gillian sentada en sus manos, balanceándose de un lado a otro. Después de unos veinte minutos, le preguntó a Gillian si ella los disculparía mientras su mamá y él hablaban en el pasillo. Antes de salir de la habitación, el doctor encendió la radio.

Desde fuera de la habitación, miraron a Gillian a través de una ventana. Unos segundos después de que salieron de la habitación, ella se levantó y comenzó a bailar con la música. Ella bailó de una manera natural y alegre. El doctor se volvió hacia la madre de Gillian y le dijo: "Sabe, Señora Lynne, Gillian no está enferma. Ella es una bailarina. Llévala a una escuela de baile".

Sus padres inscribieron a Gillian en la escuela de baile y se convirtió en una de las directoras y coreógrafas más exitosas de su generación. Ella creó algunos de los musicales más exitosos de la historia, incluidos *Cats* y el *Fantasma de la Opera*, y fue reconocida por Lifetime Achievement (Premio por el logro de su vida) en los Premios Oliver 2013.

Si queremos cultivar una cultura de la creatividad, es fundamental estar atentos a la persona única e irrepetible que tenemos delante de nosotros. Tenemos que ver a los Gillians del mundo sentados en sus manos, meciéndose hacia adelante y hacia atrás, tocando con los dedos sobre la mesa al ritmo de cada canción. Si estamos atentos, podemos llamarlos a la acción a través de las personas, los lugares y las cosas que los mueven. En algunos casos, puede ser tan fácil como encender la radio.

AMOR ACTIVO

En la obra de Dostoievski "Los Hermanos Karamazov", una mujer acude al monje santo, el padre Zosima, confesando que ella sueña con actos heroicos de amor. Ella prefiere el amor en los sueños en lugar de amar en acción, y es atacada por las dudas sobre la existencia de Dios. El padre Zosima le dice: "Esfuérzate por amar a tu prójimo activa e incansablemente. En la medida en que avances en el amor, estarás más segura de la realidad de Dios y de la inmortalidad de tu alma. Si alcanzas el perfecto olvido de tí misma en el amor de tu vecino, entonces creerás sin duda".[13]

Las personas no llegan a conocer sus vocaciones pensando lo suficiente en ellas, sino actuando, especialmente haciendo actos de amor. Una vocación es nuestra manera única y personal de dar y recibir amor en el mundo, por lo que no hay otra manera de comprenderlo completamente, excepto en el amor y a través del amor en acción.

Al final de Pinocho, él escapa de la Isla del Placer y

---

[13] Fyodor Dostoyevsky, *The Brothers Karamazov* (Nueva York: Dover Thrift, 2005), 53.

regresa a casa solo para descubrir que una ballena gigante llamado Monstro se había tragado a su padre. Geppetto está vivo en el vientre de la ballena en el fondo del mar, y Pinocho se da cuenta de que él tiene que rescatarlo.

Aquí sucede más de lo que parece a simple vista. Todos tenemos que "rescatar a nuestros padres del vientre de la ballena" porque, desde una perspectiva mitológica, tenemos que recuperar y dar vida a las personas y las cosas que nos hicieron lo que somos. Hacemos esto no huyendo de la cultura que nos formó sino penetrándola y recuperando todo lo que es verdadero, bueno y hermoso de las fuerzas que se las tragaron.

Después de que Pinocho rescata a su padre del vientre de la ballena, es aventado en la playa y se presume que está muerto. Pero es a través de su sacrificial acto de amor que finalmente se transforma en el niño real que deseaba ser desde el principio. Su transformación fue completa.

Todas las acciones, incluso las peores, son transformadoras. Sin embargo, solo *el amor activo* cumple una vocación. Según el padre Zosima, el amor activo es la única forma en que podemos llegar a conocer nuestras vocaciones y estar convencidos de la realidad de Dios.

Los cinco elementos de la transformación cultural (encuentro personal, lenguaje, asombro, enfoque de encarnación y creatividad) tienen como objetivo ayudar a otros a realizar acciones ordenadas para su mayor bien. Construir una cultura de vocación significa que amamos a los demás ayudándoles a cumplir el propósito que Dios les ha dado, incluso a un gran costo, incluso a costa de nuestras propias vidas. No hay mayor amor.

A través de encuentros personales, vivimos con "olor a oveja", como suele decir el papa Francisco, ya sea que seamos pastor o parte del rebaño. A través de nuestro lenguaje, proclamamos la verdad. A través de maravillarnos, vemos el sol y las estrellas y la dignidad de nuestro prójimo que está hecho a la imagen y semejanza de Dios. A través de la Encarnación, tocamos el misterio de Dios en carne humana. Y a través de la creatividad, aprendemos a saborear nuevamente.

"El amor activo es una cosa áspera y temerosa en comparación con el amor en los sueños", dice el P. Zosima a la mujer soñadora. Él continúa:

> El amor en los sueños tiene sed de acción inmediata, se realiza rápidamente y con todos mirando. . . el amor activo es trabajo y perseverancia, y para algunas personas, quizás, toda una ciencia. Pero yo predigo que incluso en ese mismo momento cuando ves con horror que, a pesar de todos tus esfuerzos, no solo no te has acercado a tu objetivo, sino que parece que te has alejado de él, en ese mismo momento, te lo pronostico, de repente alcanzarás tu objetivo y claramente contemplarás sobre tí el poder de las maravillas del Señor, que todo el tiempo te ha amado, y todo el tiempo ha estado misteriosamente guiándote.[14]

A través del amor activo, construiremos una cultura de la vocación porque, a pesar de los límites de nuestros

---

[14] Los hermanos Karamazov, 55.

esfuerzos, será el maravilloso poder del Señor que nos amará y guiará hacia nuestra meta.

6

CLAVES PARA GUIAR UN DISCERNIMIENTO EFECTIVO

Joshua Miller

"El objetivo fundamental de la formación de los
fieles laicos es un descubrimiento cada vez más
claro de la propia vocación y la voluntad cada vez
mayor de vivirla para cumplir su misión".

–SAN JUAN PABLO II–
Christifideles Laici

EL PADRE RAY RYLAND, que en paz descanse, fue uno de los hombres más alegres que he conocido en mi vida. Durante años fue un director espiritual y un mentor para mí y muchas otras personas. Al entrar en su oficina, pasabas por un pequeño vestíbulo donde había una fotografía de Thomas Merton mirando con ojos tan penetrantes que parecía que cada persona que veía la foto estaba personalmente cautivando a Merton en ese momento.

Le comenté esto una vez al Padre Ryland. Me dijo que conocía a Merton, y en varias ocasiones lo había visitado en el monasterio de Getsemaní. Al momento de sus visitas,

Thomas Merton era conocido en todo el mundo y mantenía correspondencia con dignatarios, escritores y políticos (Joan Baez, James Baldwin y Erich Fromm, entre otros) de muchos países. Era una especie de "monje célebre" que tenía personas famosas que lo visitaban en su monasterio, la abadía de Getsemaní en Kentucky. Sin embargo, el padre Ryland recordaba ser el "único" para Thomas Merton mientras se sentaban juntos a platicar.

La amorosa atención que Thomas Merton le dio al padre Ryland fue un regalo que el padre Ryland dio a otros. Se preocupaba por muchas almas y, sin embargo, mientras estábamos sentados uno frente al otro, yo era para él, el "único". En ese momento, Cristo lo llamaba para que me diera la misma atención amorosa que Merton le había dado. Sentí su amor por mí profundamente. Su luz y su calidez me permitieron, como discípulo, abrirme, recibir su sabiduría y crecer en Cristo.

No existe una técnica que produzca el tipo de amor que el Padre Ryland y otros como él dan. Su mirada sobre Cristo y la recepción activa de su amor es la única forma en que pueden proporcionar una mirada tan amorosa a los demás. Pero hay claves efectivas para el discernimiento que los mentores pueden brindar a los jóvenes para ayudarlos a descubrir el amor particular de Cristo.

En el capítulo anterior, enfatizamos la construcción de una cultura general que nutra la vocación personal. Este capítulo también se ordena con ese fin, pero aquí abordamos siete enfoques prácticos que los mentores pueden tomar para ayudar a los jóvenes a abrazar sus llamados personales.

1. ENSEÑAR VOCACIÓN PERSONAL

Hagamos una pausa por un momento y preguntémonos: ¿con qué frecuencia has encontrado una enseñanza explícita sobre la naturaleza de la vocación personal? ¿En qué medida ayudamos a nuestros hijos a identificar seriamente el proyecto especial que Dios les ha asignado para edificar Su reino? ¿Con qué frecuencia se ven desafiados en nuestras escuelas católicas y desde nuestros púlpitos para descubrir y abrazar una vocación personal y única? ¿Con qué frecuencia has escuchado oraciones por las vocaciones exclusivamente para el sacerdocio o la vida religiosa? Si escuchas un comentario de una pareja entusiasmada de que su hijo "tiene una vocación", ¿qué se esperaría que tú entendieras por eso?

Aunque tenemos una clara enseñanza del magisterio sobre la prioridad fundamental de ayudar a cada uno de los que hemos sido bautizados a reconocer su vocación personal única, en realidad, no se le presta suficiente atención. El enfoque puesto en las vocaciones al sacerdocio y la vida religiosa es en muchos sentidos comprensible. Estas son vocaciones hermosas, vitales e inmensamente importantes en términos de estados de vida. Sin embargo, podemos y debemos hablar a menudo, con insistencia y con toda seriedad, sobre la vocación personal. Esto de ninguna manera resta valor a la importancia del propio estado de vida, sino que más bien orienta y sienta las bases para esa vida.

Enseñar a través del lenguaje

El lenguaje es de importancia crítica para dar forma a las ideas y para dar forma a la manera en que pensamos sobre nosotros mismos y otras personas. El lenguaje que usamos para articular el amor de Dios por su pueblo en el regalo de su llamado es crucial. Cuando usamos el término "vocación" con referencia exclusiva al sacerdocio o la vida religiosa, implicamos triste y directamente que aquellos que no son sacerdotes o religiosos de alguna manera no tienen una vocación en todo su sentido. Esto es inconsistente con las enseñanzas del Concilio Vaticano Segundo y de cada Papa desde ese concilio, y es dañino.

El lenguaje nos ayuda a nombrar la realidad. Tendremos una visión empobrecida de la realidad sin el lenguaje adecuado para nombrarla. Los esquimales, por ejemplo, tienen cincuenta palabras para la nieve.[1] Su inmersión profunda en el clima invernal dio lugar a un vocabulario tan variado. Las palabras se basan en el ser. El lenguaje permite la vista. El joven esquimal puede ver diferentes formas de nieve porque se le da un lenguaje para cada una de ellas. Vemos las cosas para las que tenemos palabras.

Ayudar a los jóvenes a comprender la definición misma de vocación personal les permite verla, lidiar con ella y así discernir mejor. Como el capítulo tres está dedicado al

---

[1] David Robson, "Realmente hay 50 palabras esquimales para 'nieve'", The Washington Post, 14 de enero de 2013, disponible en https: // www. washingtonpost.com/national/health-science/ here-really-are- 50-esquimal-words-for-snow / 2013/01/14 / e0e3f4e0-59a0-11e2-beee- 6e38f5215402_story.html? utm_term = .dc714cefb7b7.

significado de la vocación personal, no voy a exponerlo aquí. Pero enfatizaré dos de sus aspectos claves que he encontrado dan especialmente entusiasmo a los jóvenes preocupados por su futuro.

En primer lugar, muchos jóvenes con quienes trabajo agradecen y comparten su aprecio por aprender que la vocación personal es *ahora*, no solo algo que se debe discernir para el futuro, y el gran impacto que tiene esta realización. El amor de Dios, como su llamado, está en el momento presente. Los jóvenes se dan cuenta de que su vocación personal en este momento es ser un estudiante, ser una hija o un hijo, estar libres de la presión de las responsabilidades de los adultos, explorar relaciones, cometer errores y aprender de ellos, explorar y desarrollar sus propios dones, lidiar con todas las circunstancias que presenta la vida adolescente. Se dan cuenta de que el tiempo de la juventud es en sí mismo un llamado para que vivan plenamente.

El efecto de este despertar es doble. En primer lugar, alivia la ansiedad que es constante en nuestra cultura hoy en día. Los jóvenes se preocupan por el futuro. Se enfrentan a todo tipo de presiones para desempeñar bien ahora en preparación a una vida desconocida en el horizonte. Además de la presión para la "preparación universitaria" que se anuncia constantemente en las escuelas preparatorias y escuelas primarias y su montón de exámenes estandarizados. Ahora hay programas exclusivos de preescolar que prometen la mejor base para el éxito universitario. Aquí, los niños de seis años se enfrentan a entrevistas de inscripción y la gran expectativa de que si no se desempeñan bien podrían perjudicar su futuro. Para los jóvenes afectados por la ansiedad sobre la vida en el futuro, puede haber un alivio feliz sabiendo que Dios los llama a vivir en el momento presente de su juventud.

En segundo lugar, también experimentan la importancia y la belleza de vivir vocacionalmente. Cuando los jóvenes asumen (y se les enseña) que simplemente se están preparando para una futura vocación de "estado de vida", tienden a valorarse de menos a sí mismos y a valorar menos el tiempo de la juventud. Están discerniendo, pero no están viviendo en realidad, un llamado. Centrarse en la vocación actual de la juventud los ayuda a estar atentos a los desafíos y oportunidades que son, en sí mismos, una preparación sólida para discernir su vocación futura a medida que se va desarrollando.

La pregunta "¿Has sido llamado?", que se ve tan a menudo en carteles en las puertas de las iglesias, debe ser reemplazada por un imperativo: "Estas siendo llamado. Vamos a ayudarte a saberlo y a vivirlo al máximo".

2. AYUDA A LOS APRENDICES A ENCONTRAR SU PROPIO CAMINO DE DISCERNIMIENTO

Hay medios comunes que todos debemos usar en la vida espiritual (oración, sacrificio, sacramentos y otros) para descubrir la voluntad del Señor y crecer en santidad. *Pero la clave principal para el discernimiento de cada persona es encontrar su propio modo de discernimiento*. De esta manera está especialmente relacionado con el diseño motivacional único de cada persona, porque ese diseño es la semilla primordial de la vocación: es la única manera personal de ser uno mismo.

Mi coautor, Luke, descubrió esto durante varios años discerniendo el sacerdocio. Una de las motivaciones centrales de Luke es darse cuenta, de la forma más concreta posible, de los conceptos y valores importantes para él. Él es un hombre de acción, creatividad y gran iniciativa. Luke se mueve rápidamente para poner las ideas no solo en el papel sino en la *práctica física directa*. Al hacerlo, las ideas se vuelven reales para él. Aunque oró y vivió cerca de los sacramentos como los otros seminaristas, siempre que fue posible, iba de excursión a Roma, y pasaba tiempo interactuando con personas en cafés y albergues para personas sin hogar, explorando las artes y manteniendo viva su propia escritura creativa. Cuando Luke descuidó estas cosas y se mantuvo en la vida seminarista más académica y contemplativa, su oración se secó y él se deprimió. Luke llegó a entender que la mejor manera para que él descubriera si Dios lo llamaba al sacerdocio era alinear su discernimiento con su patrón motivacional único y personal. Al final, Luke ganó claridad de que Dios lo llamaba no para ser un sacerdote sino para ayudar a santificar el mundo como un emprendedor.

Como mentor yo también aprendí la importancia de orientar a mis clientes hacia formas de discernimiento consistentes con su diseño motivacional único y personal. Una estudiante, Ava, está muy motivada para colaborar. Ella necesita absolutamente tener una relación cercana con grupos de personas cuyos valores concuerdan con los suyos, así como unas relaciones sólidas con sus mentores. Sin ese contexto, ella está como un pez fuera del agua; ella no puede ver los contornos de su vocación. Otra estudiante, Bonnie, está motivada para comprender y expresar, ella descubre la voluntad de Dios revisando y analizando todas las opciones posibles, estudiando los pros y contras de cada una, y luego expresando lo que ha aprendido. Robert necesita estar bien cimentado en un proceso hecho de pasos claros. Para él, la toma de decisiones vocacionales requiere ver una conexión obvia entre su trayectoria actual de vida y los posibles pasos a seguir. El marco del movimiento de avance lógico es su modo básico de ser y ese es el contexto en el que él efectivamente discierne.

Dado que el diseño motivacional de uno no es solo un conjunto de habilidades naturales sino una orientación básica para ser y actuar de cierta manera, su aplicación va más allá de la mera toma de decisiones. Luke y cada uno de los clientes mencionados anteriormente abordan la oración, la consideración de las necesidades del mundo, la interacción con los directores espirituales y los otros componentes del discernimiento profundo de acuerdo con su diseño motivacional. Por ejemplo, a Ava, la colaboradora, le encanta rezar a través del cantar en el coro; en contraste con Bonnie, la analítica, cuya vida de oración es mucho más pensativa y meditativa.

La gracia perfecciona la naturaleza es un principio que va más allá los sacramentos o el don de virtudes teologales. Cuando la novia y el novio se comprometen frente al altar el uno con el otro, el Espíritu Santo infunde a su pacto natural con el sacramento sobrenatural del matrimonio. Cuando los hombres aprenden a través del análisis racional que Dios existe y que Dios es uno, abren sus mentes en preparación para el don de la fe. En estas situaciones, la gracia se basa o perfecciona la naturaleza.

El mismo principio se aplica a cómo Dios trabaja con nosotros en el desafío del discernimiento diario. Si Dios hace a una persona con cierto patrón de motivación, Dios trabajará y perfeccionará a esa persona en particular de acuerdo con ese patrón. El camino del discernimiento en sí mismo debe ser consistente a cómo el Señor ya ha diseñado a la persona.

La implicación de que la forma de discernimiento de uno debe ser consistente con su diseño motivacional único personal es de gran importancia. Por ejemplo, una joven cuyas historias de logros tienen que ver con responder a las necesidades de otros, no requiere exposición al servicio para evocar un impulso de entregarse a sí misma. Su ser ya está orientado de esa manera. Pero ella podría requerir una tutoría cercana sobre cómo ejercer una libertad creada por sí misma o "auto-creativa", y lograr el equilibrio correcto entre el cuidado de sí misma y el servicio a los demás. Un joven cuya motivación central es de dar y traer control estará encantado de saber que la vocación personal exigente incluye la libertad "auto-creativa", pero puede resistirse a seguir otros aspectos claves del discernimiento como la obediencia a todas las leyes de Dios o la docilidad al consejo de los mentores. Debe aprender que la sumisión a Dios en todas las cosas trae libertad y que al conformarnos con la verdad conduce al autocontrol.

¿Cómo ayudas a los aprendices a encontrar su propia forma de discernimiento? Ve y revisa sus historias. Una investigación empática y escucharlos para que se abran a compartir historias de logros personales, que arrojan luz sobre su diseño motivacional. Esta es la clave para ayudar a los aprendices a conocerse a sí mismos. Los mentores deben ayudar a sus aprendices a facilitar un mayor conocimiento introspectivo de su diseño motivacional, que los orienta no solo hacia su vocación personal, sino que ayuda a aclarar su forma particular de discernimiento continuo.

3. EXPLORAR LA CONEXIÓN ENTRE TALENTOS Y DISEÑO MOTIVACIONAL

Un enfoque estándar para el discernimiento vocacional es descubrir los propios talentos y luego identificar los lugares en el mundo donde hay necesidad de esos talentos. La pregunta "¿Qué debo hacer?" A menudo se encuentra con más preguntas: "¿Para qué eres bueno?", y "¿cuáles son tus dones?"

Por supuesto, es crítico para los jóvenes discernir sus talentos. Los mentores necesitan dedicar tiempo para cultivar esa conciencia. Una de las razones por las que hemos enfatizado la exploración de las historias de logros es porque generalmente revelan habilidades específicas (ya sean actualizadas o en potencial) junto con la motivación central. Considere, por ejemplo, las historias de Benton Parker y Rachel Michaud en el capítulo dos. Benton, quien amaba cantar canciones de Elvis a los ocho años y ha tenido un amplio éxito en las competencias vocales, claramente tiene talento para cantar. Rachel Michaud, siempre sensible a la dinámica de grupo y a la misión, claramente tiene talento para la construcción de relaciones orientadas a causas que está floreciendo hoy en su trabajo con FOCUS.

Frecuentemente existe una superposición obvia entre el diseño motivacional y los talentos únicos: el mecánico impulsado *para hacer que las cosas funcionen* tiene un talento para reparar motocicletas Harley Davidson descompuestas; y el organizador de eventos cuya motivación principal es *organizar* delicias para planear los miles de detalles y logísticas para bodas. Aquí la conexión entre la habilidad natural y la motivación es bastante clara.

Aunque la motivación para ciertos tipos de acción a menudo indica el talento correspondiente, no son lo mismo. La película, *Rudy*, que cuenta la vida real de Daniel "Rudy" Ruettiger, es un claro ejemplo. Rudy tenía un poderoso impulso para superar obstáculos en su búsqueda de jugar fútbol para la Universidad Notre Dame, pero era relativamente pequeño y poco atlético. Después de años de ser destrozado por jugadores de primera línea más grandes y atléticos en su rol en el escuadrón de prácticas de Notre Dame, se le permitió a Rudy, al final de su último año, vestirse para un juego real. Su impulso para superar los obstáculos se cumplió y en realidad llegó al campo para pelear por su amada universidad. Rudy estaba motivado para jugar fútbol americano universitario de la División I, pero tenía poco talento real para actuar en ese nivel.

Aunque la perseverancia de Rudy es notable, ejemplifica a alguien que tiene motivación para la actividad sin el correspondiente talento para ello. En varias ocasiones he trabajado con clientes que enfrentan el problema opuesto. Tienen talentos para ciertas actividades, pero no la motivación para cultivar o mantener esos talentos. Un hombre joven, al que llamaré "Pedro", puede hacer muchas cosas bien. Es un genio de las matemáticas, canta en perfecto barítono en el coro, lee literatura con destreza, crea complejos juegos de computadora y cuida pacientemente a sus seis hermanos menores. Vino a mí tratando de descubrir en qué debería especializarse en la universidad. ¿Ingeniería? ¿Medicina? ¿Artes de la comunicación? Resulta que Pedro está fundamentalmente motivado para *demostrar un nuevo aprendizaje*. El tema consistente de sus historias de logros es adquirir competencia en una habilidad, demostrar que puede hacerlo bien y luego pasar a un nuevo tema. Es difícil para él prestar atención a las llamadas persistentes para enfocar sus estudios porque después de obtener un grado de competencia en un área, en realidad pierde motivación para continuar.

Una solución para gente como Pedro es elegir cursos de estudio y carreras que tengan un requisito incorporado para el aprendizaje continuo: programación de computadoras, arquitectura o enseñanza de múltiples clases en la escuela preparatoria, y además entrenamiento extra.

Los talentos describen el "cómo" de la actividad efectiva. Son como herramientas en una caja de herramientas. Cuando hay una tarea que debe hacerse, se puede completar bien si tiene talento para ello. Sin el talento requerido, es probable que no pueda hacerlo bien. La motivación principal se basa en el "por qué" de la actividad o en la razón latente o subyacente por la cual las personas participan en la actividad.

Algunos cuestionaron la decisión de Rudy de seguir buscando tiempo de juego para el equipo de Notre Dame dada su evidente falta de capacidad atlética. Su motivación para superar los obstáculos fue la razón; su "por qué" era dominante, aunque el "cómo" era débil. Pedro, por otro lado, tiene mucho "cómo", una variada caja de herramientas de talentos que puede usar para hacer bien muchas cosas. Su problema es asegurarse de que su "porque" motivacional *para demostrar nuevos aprendizajes* pueda seguir participando a medida que desarrolla y despliega sus talentos.

Aunque es importante que los jóvenes y sus mentores disciernan talentos, es aún más importante revelar su motivación básica subyacente. Aquí hay algunas razones:

- Comprender el diseño motivacional de la persona joven saca a la luz aquellos talentos emergentes o latentes que particularmente deben ser cultivados debido a su estrecha integración con el diseño motivacional. Por ejemplo, Pedro debe desarrollar habilidades que le permitan ser un generalista eficaz, métodos de aprendizaje que se pueden utilizar en múltiples aplicaciones.

- Conformarse o decidir en un curso de estudio o una carrera simplemente por su talento y sin una comprensión de la motivación fundamental propia, puede conducir a una tension profunda y angustia. *Si Pedro se estancara en una disciplina altamente especializada como la cirugía cerebral solamente porque puede hacerlo bien, sería miserable.*

- El diseño motivacional de una persona joven ayuda a aclarar las circunstancias en las que prosperará especialmente y desea desarrollar o ejercitar sus talentos. Mi hijo, David, está muy motivado para *sobresalir*. Él quiere ganar y sus talentos surgen en un marco competitivo. David no es especialmente erudito, pero dale un torneo de debate y pasará horas leyendo revistas académicas y preparando informes. Sin competencia, tiende a perder interés y energía.

Frederick Buechner escribió la famosa frase: "El lugar al que Dios te llama es el lugar donde tu más profunda alegría y el hambre profunda del mundo se encuentran".[2] Esto es diferente a enfatizar la conexión entre el talento y las necesidades de los demás en el discernimiento de la vocación personal. "Profunda alegría" expresa la alegría de la actividad orientada por la motivación central. El talento de los jóvenes generalmente se puede aclarar mediante la exploración de su diseño motivacional, pero la otra parte de la frase nosiempre ocurre. Proporcionar a los jóvenes conciencia de sí mismos acerca de su permanente diseño motivacional es más útil como clave para el discernimiento continuo de la vocación personal.

4. EXPONERLOS A LAS NECESIDADES, ORIENTARLOS AL SERVICIO

Aunque debemos reconocer diariamente las necesidades de los seres humanos y de nuestro mundo: "la creación entera gime" (Rom 8:22), es muy fácil para los jóvenes viviendo

---

[2] Frederick Buechner, *Wishful Thinking: A Seeker's ABC* (Nueva York: HarperOne, 1993), 118-119.

sus vidas cómodas evitar ver estas necesidades. Hay muchas razones por esto. A veces alejamos a los niños a la exposición directa al sufrimiento de los demás, especialmente cuando se presenta acompañado de peligro. Las personas que viven en la calle pueden estar borrachas o mentalmente enfermas. Nos gusta mantenerlos a distancia de nuestros hijos. Queremos lo mejor para nuestros jóvenes. Por lo tanto, hacemos hincapié en una buena educación, tres comidas saludables, diversión con amigos, actividades deportivas y mucho tiempo libre. Tenemos horas de servicio, pero estas generalmente se piden y se deben de cumplir como requisitos para la graduación. Los muchacho las hacen, los marcan en su lista de requisitos para obtener su diploma y continúan como si nada hubiera pasado en la vida. Al mismo tiempo, el tamaño de la familia (alrededor de 1.5 niños por pareja), nuestro entorno generalmente urbano y el estilo consumidor de vida, significa que los niños tienden a crecer con lo que necesitan en la punta de los dedos y sin la experiencia de proporcionar un servicio vital para los demás.

Darles a los jóvenes una experiencia profunda para satisfacer las necesidades de los demás es fundamental para cultivar sus propias llamadas. Los viajes misioneros pueden ayudar a esto de una manera dramática. En la Universidad Franciscana de Steubenville, donde trabajo, cientos de estudiantes universitarios pasan sus vacaciones de primavera realizando trabajos de servicio radical no solo a los pobres en otros países, sino a otros jóvenes universitarios en pachangas o "fiestas" en las arenas de Daytona Beach, Florida. Muchos de ellos regresan despiertos a lo que Dios quiere de ellos durante las siguientes etapas de sus vidas. El desafío de la experiencia saca sus dones y aclara cómo se pueden usar para construir el reino de Dios. Comienzan a encontrarse a sí mismos y a sus llamamientos en la oferta radical de sí mismos.

Además de los viajes misioneros en los que los jóvenes salen fuera de sus propios mundos, es valioso para ellos tener experiencia dentro de sus rutinas diarias para entregarse ellos mismos: limpiar su casa, cocinar, lavar la ropa, cuidar a los hermanos, dar el diezmo de sus trabajos de medio tiempo. Tales tareas brindan la experiencia vivificante de hacer contribuciones auténticas a los demás, un componente fundamental de la vocación personal. Al mismo tiempo, pueden despertar dones en la persona joven. Los buenos chefs a menudo comienzan en la cocina familiar.

También es importante que los jóvenes vinculen directamente actividades que ya están motivadas a hacer con actos de servicio regulares. Esto es especialmente crítico no principalmente porque pueden servir (y tal vez disfrutarlo) sino porque necesitan comprender la estrecha integración entre la realización del yo y la satisfacción de los demás en la economía de Dios. Necesitan saber que la vida no debe estar dividida entre actividades centradas exclusivamente en "yo" y actividades centradas en "otros". Necesitan comprender que, en el gran diseño de Dios, todos los miembros de Su Cuerpo florecen cuando cada uno se da cuenta alegremente de su propio propósito por el bien del todo. A medida que los jóvenes experimenten la conexión entre hacer lo que es intrínsecamente motivador y lo que construye a los demás, experimentarán la alegría de darse a sí mismos de una manera plena y sincera.

En todas estas cosas -actividades de servicios tradicionales como el trabajo de la cocina de beneficencia, trabajos de rutina en la casa y actividades intrínsecamente motivadoras- la orientación diaria del joven debe ser: Hay necesidades en mi escuela, en mi hogar y entre mis amigos que yo estoy llamado a cumplir. Mi contribución importa. Mi trabajo diario es importante para otros. La vida tiene un significado más allá de la búsqueda del placer.

A medida que los orientas hacia las necesidades, especialmente aquellas que corresponden directamente a su diseño motivacional, los preparas para tal orientación.

5. AYUDARLOS A ASEGURARSE DE ENCONTRAR MENTORES SABIOS Y ATENTOS

"¿Este soy yo? ¿Soy yo sabio? ¿Estoy realmente atento a los jóvenes que están bajo mi responsabilidad? ¿Proporciono lo que necesitan para discernir efectivamente sus vocaciones personales?" Estas preguntas, y la gran necesidad que tienen nuestros jóvenes, deberían ponernos, a nosotros aquellos que somos mentones, de rodillas.

La sabiduría que la tutoría requiere no es principalmente práctica, ni nace principalmente de la experiencia en el tema de una disciplina. Más bien, es la sabiduría nacida del temor de Dios. Es la sabiduría nacida de la maravilla y el asombro que las personas humanas bajo su responsabilidad son iconos únicos de Cristo, que el mentor tiene el privilegio de ayudar a convertirse para lo que han sido creados para ser.

Mis comentarios aquí se relacionan con los mentores que desean ser sabios y atentos en sus propias interacciones con los jóvenes y también ayudar a esos jóvenes a elegir a otros mentores que los ayuden a abrirse camino en la vida. Algunos mentores (uso el término ampliamente) serán padres, pastores, ministros de jóvenes, directores espirituales o entrenadores de vida que aborden directamente cuestiones de discernimiento personal. Otros mentores, como los relacionados con deportes o profesiones, estarán más enfocados en desarrollar habilidades. En todos los casos, los mejores mentores ayudan a los jóvenes a convertirse para quienes han sido creados a ser, orientándolos a vivir plenamente sus vocaciones personales.

Marcas del sabio y atento mentor

¿Cuáles son las características de los mentores más efectivas para ayudar a los jóvenes a abrazar sus propios llamados personales?

- El mentor sabio es piadoso. Sus ojos y su corazón están abiertos. Él tiene una relación cercana con Cristo, no solamente participa en misa o servicios religiosos y obedece los Diez Mandamientos sino tiene una relación personal y viva con Nuestro Señor.
- El mentor sabio escucha y pregunta con empatía. Esto es tan crítico que le dedicamos anteriormente un capítulo completo. Aquí simplemente agrego que un mentor efectivo escucha para encontrar el potencial del joven que quizá no pueda él recono-

cerlo en sí mismo y así el mentor busca la manera de sacarlo a relucir.

- El mentor sabio lidia con el llamado diario de su propia vocación personal y responde fielmente a ella.
- El mentor sabio es consciente de sí mismo y tiene una vida interior profunda. Él ejerce dominio de sí mismo. Puede nombrar sus propios impulsos conductuales únicos, y sabe cómo pueden florecer como un regalo o ser utilizados para el pecado.
- El mentor sabio refleja lo que ve en la persona joven para poder reconocerse a sí misma y lo que necesita para un auténtico crecimiento.
- El mentor sabio hace preguntas que promueven la reflexión y profundizan la autoconciencia en los jóvenes. Aconseja solo cuando es necesario y con gran cuidado para que el joven permanezca auténtico a su vocación personal y a su discernimiento.
- El mentor sabio ha estado anteriormente en el camino del discernimiento y tiene mucha experiencia práctica para transmitir, mientras evita el error de pensar que su experiencia es normativa. Los mejores mentores no simplemente "lo dicen como es", sino que ofrecen una perspectiva contextualizada y están conscientes de la singularidad personal del aprendiz.
- El mentor sabio se enfoca en ayudar a los jóvenes a convertirse en lo que son en lugar de influir en su propia agenda o permitirles caminar por un camino autodestructivo sin el desafío del amor firme.

Encontrar mentores sólidos

Una cosa que podemos hacer para ayudar a nuestros jóvenes a asegurar mentores sabios y atentos es desafiarlos gentilmente a explorar por qué podrían sentirse atraídos por ciertos mentores potenciales sobre otros. En nuestra época de culto a las celebridades, donde se otorga tanto valor al impacto social cuantitativo -los "me gusta" de Facebook o seguidores en Twitter e Instagram- los jóvenes a veces se sienten atraídos por los que son carismáticos en contextos de grupos grandes, ocupan altas posiciones, o son bien conocidos y populares. Muy bien podrían ser mentores efectivos, pero no necesariamente. Las almas tranquilas que no están a la vista del público y que prefieren los encuentros uno a uno frecuentemente son los mejores mentores.

En mi labor en el Centro de Liderazgo de la Universidad Franciscana, sirvo como coach de vocación personal para un pequeño grupo de estudiantes. Dentro de un período de cuatro años los estudiantes tienen múltiples prácticas de trabajo (interships) y trabajos de verano junto con una gran variedad de actividades curriculares y extracurriculares. A menudo se reúnen con mentores potenciales en estas diversas esferas de desarrollo. Para ayudarlos a obtener mentores sólidos, los aliento a reflexionar sobre sus posibles mentores y la relación de mentoría que buscan con preguntas como estas:

- ¿Hasta qué punto estos mentores potenciales se basan en una relación con Cristo?

- ¿En qué medida articulan y abrazan sus propias vocaciones personales?
- ¿ Cuál estilo de que te escuchen o te presten atención es el mejor modo que te gustaría recibir cuanto te escuchen los mentores? ¿Estos mentores potenciales realmente te escuchan?
- ¿Qué tipo de preguntas te ayudan a reflexionar profundamente? ¿Te hacen los mentores estas preguntas?
- ¿En qué medida promueven su propia agenda e intereses?
- ¿En qué medida se concentran en tu desarrollo por su propio merito?
- ¿Qué te atrae hacia el mentor?
- ¿Cuál es la conexión entre tú propia vocación personal (por lo que tu entiendes) y esta posible relación de mentoría?
- ¿Qué tipo de química necesitas tener con aquellos que te están asesorando? ¿Estás experimentando ese tipo de química?
- ¿En qué medida es útil su consejo?
- ¿Te ayudan a reconocer tu potencial para identificar los pecados para erradicar?
- ¿En qué medida se esfuerzan por comprenderte?

Algunos estudiantes son lo suficientemente conscientes de sí mismos para responder a tales preguntas de manera directa y reflexiva. Otros no lo son. También está bien. Las preguntas mismas estimulan el reconocimiento de los problemas en juego en la tutoría efectiva. Un cuestionamiento suave puede incitar a los jóvenes a profundizar más, a aumentar su conciencia sobre lo que implica la tutoría y a abordar las posibles relaciones de tutoría con el grado de seriedad que merece.

6. CULTIVAR EL SILENCIO DE ORACION Y SABER ESCUCHAR

De todas las claves para el discernimiento efectivo que hemos discutido en este capítulo, el silencio y saber escuchar en oración son quizás las más importantes. Es absolutamente fundamental que los mentores se basen en estos hábitos. No podemos transmitir lo que no tenemos. Y los aprendices no pueden esperar escuchar el llamado de Dios sin calmarse y abrir su propio mundo interior. El silencio es esencial para recibir la voz del Señor, aceptar el consejo sabio de los demás y escuchar el anhelo de sus propios corazones.

El silencio es cada vez más difícil de encontrar. La modernidad ha enfatizado durante siglos lo tangible sobre lo intangible, el cuerpo sobre el alma. Esta orientación cultural básica ya debilita una realidad espiritual, la disposición y atención a la oración.

Los jóvenes de hoy se enfrentan a desafíos mucho mayores que los de la Revolución Industrial que enfrentaron el ruido de las fábricas y los automóviles. La juventud contemporánea se encuentra rodeada de máquinas y conectada a ellas en todas las esferas de actividad. La educación, el entretenimiento, la comunicación y la construcción de relaciones están mediadas por la tecnología.

La constante inmersión digital nos distrae profundamente y daña nuestra capacidad de silencio atento. Muchos de nosotros hemos sentido este daño; ahora nos resulta difícil, después de años de interacción con las pantallas de computadora, mantener largas conversaciones o leer libros durante largos períodos de tiempo. Estas preocupaciones ahora están bien documentadas. Libros como *Superficiales: ¿Qué está haciendo Internet con nuestras mentes?* por Nicholas Carr, *Alone Together: Why We Expect More from Technology & Less from Each Other* por Sherry Turkle, (Juntos Solos: por qué esperamos más de la tecnología y menos unos de otros), *Contra el rebaño digital* de Jerald Lanier están mostrando un vínculo indiscutible entre el uso masivo de Internet y la falta de capacidad para el pensamiento profundo, ceguera emocional, incapacidad para relacionarse cara a cara con otras personas humanas, junto con las tasas crecientes de depresión y ansiedad.

Nicholas Carr detalla la conexión entre la distracción digital y el daño funcional a nuestra capacidad de silencio. El cerebro, explica, es un órgano que puede transformarse literalmente a nivel neurológico a lo largo del tiempo, dependiendo del tipo de aporte que recibe. Resolvemos problemas y tomamos decisiones a través de la corteza prefrontal. Dada la necesidad de una rápida toma de decisiones mientras se juega o navega por la web, tiene sentido que la corteza prefrontal con su memoria de trabajo funcional realmente se fortalezca a través del uso de Internet. Esto ha sido probado experimentalmente. Pero las partes del cerebro asociadas con la memoria a largo plazo se debilitan de manera correspondiente. Esto se debe a que la memoria a largo plazo requiere una entrada lenta y constante de la memoria de trabajo. Si la memoria de trabajo está cargada de datos, se impide la transferencia de información a la memoria a largo plazo. Esto es precisamente lo que sucede cuando la corteza prefrontal se hiperactiva en el entorno digital de alta velocidad de hoy en día; literalmente debilita la parte del cerebro conectada a la memoria a largo plazo. Este es un problema alarmante ya que la memoria a largo plazo es donde el cerebro tiene su esquema conceptual global del mundo. Es donde mantenemos juntas varias partes del mundo con una comprensión de cómo se relacionan con otras partes, y por lo tanto es el lugar donde tenemos un sentido del significado de nuestra vida. Es memoria a largo plazo a la que Romano Guardini se refiere cuando dice que "la memoria es el poder con el que el hombre convoca a su mundo interior para su inspección, y por primera vez realmente se posesiona de él". Sin memoria a largo plazo nos movemos de una interacción sensual con el mundo a otra sin profundidad interior.

Hay varios efectos importantes que esta falta de silencio tiene sobre la capacidad de un joven para discernir efectivamente la vocación personal. Si la oración es una conversación silenciosa con Dios, quien guía en las profundidades del interior en "el susurro de una brisa suave"(1 Reyes 19:12), entonces no puedo esperar escuchar Su voz y obtener Su guía a menos que me aleje del ruido y que gane la capacidad para la oración silenciosa. La sensibilidad a la voz de Dios -conocimiento de su llamado- nace de los hábitos de interacción con él. Así como no puedo aprender los caminos de otra persona humana sin tiempo suficiente para la comunión, entonces no puedo aprender los caminos de Dios en mi vida a menos que pase tiempo escuchándolo y entablando conversaciones con Él. Esto depende de los hábitos de la oración silenciosa.

Necesito entender los anhelos de mi corazón, incluyendo mi patrón distintivo de motivación y los deseos cotidianos que me orientan. También necesito comprender lo que significa tener paz en el corazón que, como muchos maestros espirituales han indicado, es fundamental para comprender la voluntad del Señor.[3]

¿Qué pueden hacer los mentores para ayudar a los jóvenes bajo su cuidado a ganar la capacidad de orar en silencio y escuchar? En primer lugar, debemos ser ejemplo y proporcionar a los aprendices con la experiencia de encontrarlos de esa manera. Contemplar al joven con amor empático, hacer preguntas que exijan reflexión y escuchar con profundidad la vida interior les dará a los jóvenes un encuentro vivo con el silencio. Esa mirada amorosa le dice al joven: "Tienes una gran dignidad dentro de ti".

Crear momentos y lugares para la oración en silencio sin temor a que la experiencia sea aburrida o no relevante. Los retiros en silencio donde se colocan los teléfonos celulares en una caja al principio, son un modo poderoso de facilitar la escucha atenta en el corazón de la persona joven. Un exalumno de la Universidad Franciscana regresó recientemente de un viaje misionero en Rusia y se vio obligado a "predicar la *poustinia*" a sus compañeros. La *poustinia*, que se origina en la espiritualidad cristiana oriental, es una forma de oración en la que uno va en silencio a una cabaña o habitación para una sola persona y que contiene solo una cama, una mesa, una silla, una cruz y una Biblia.

---

[3] Jacques Philippe, *Searching for and Maintaining Peace: a Small Treatise on Peace of Heart* (New York: Alba House, 2002).

Debemos recuperar la conversación. Presionar para tener conversaciones privadas uno a uno y en grupos pequeños orientadas a preguntas que inviten a la profundidad reflexiva. Las clases donde los jóvenes se sientan cara a cara a menudo facilitan una buena conversación. Un ejercicio que he encontrado consistentemente útil para generar un diálogo rico es hacer que los jóvenes compartan historias de logros en parejas, donde cada uno tiene un turno para asumir el papel de interrogador y de cuentacuentos. En este contexto, se revelan en una acción auténtica entre sí. Además del intercambio básico, también les pido que reflexionen sobre lo que vieron uno en el otro cuando expresan sus historias, lo que lleva a momentos de empatía mutua. Generalmente la habitación está animada con un zumbido de participación alegre y caras sonrientes.

7. DESPERTAR EN ELLOS LIBERTAD AUTO-CREATIVA

"Realmente es bastante fácil", me dijo una vez un sacerdote con respecto a discernir la voluntad de Dios.

"¿Fácil?", Le pregunté.

"Sí. Tú rezas por la voluntad de Dios. Consideras posibles opciones. Entonces tomas una decisión e intentas hacerlo".

No discutí sobre cómo las "posibles opciones" pueden hacernos tropezar. Obtuve el punto básico y me llamó la atención su refrescante simplicidad y el énfasis en el poder que tenemos, por la gracia de Dios, en nuestra propia acción.

Los jóvenes que desean comprender la voluntad del Señor pueden estar ansiosos por el futuro, mientras contemplan una infinidad de posibles cursos de vida. Tener varias opciones es una de las razones de preocupación, pero la razón más profunda proviene al no aceptar un aspecto crítico de su propia naturaleza. Los jóvenes a menudo no son conscientes de que imaginan a Dios a través de su propia libertad, lo que significa que hacer la voluntad de Dios implica tomar iniciativas, tomar decisiones y actuar en consecuencia.

Los jóvenes a veces suponen que el Señor quiere que disciernan en la pasividad, que la auténtica espiritualidad está en esperar que Dios les diga qué hacer. Pueden turbarse cuando no escuchan nada. Por supuesto, a veces Dios dirige abiertamente, y en todo momento quiere que confiemos en Él en oración. Pero también es cierto que Él desea que ejerzamos nuestra propia libertad y co-crear con Él nuestras vocaciones personales.

La *Carta a los Jóvenes del Mundo* de San Juan Pablo II sirve como una especie de recapitulación de los principios clave que hemos discutido en este capítulo, al tiempo que destaca el profundo papel de la libertad auto-creativa en el discernimiento. Cito el siguiente pasaje por su importancia:

"Entonces la pregunta: '¿Qué me queda aún?' (¿Qué debo hacer?) el hombre la hace durante la juventud no sólo a sí mismo y a las demás personas de las que espera una respuesta, especialmente a los padres y a los educadores, sino que la hace asimismo a Dios, como creador y padre. El hombre se hace esta pregunta en el ámbito de aquel particular espacio interior en el que ha aprendido a estar en estrecha relación con Dios, ante todo en la oración. El hombre pregunta pues a Dios: «¿Qué me queda aún?» (¿Qué debo hacer?) ¿cuál es tu plan respecto a mí vida?, ¿cuál es tu plan creador y paterno?, ¿cuál es tu voluntad? Yo deseo cumplirla.

En este contexto el 'proyecto' adquiere el significado de 'vocación de vida', como algo que es confiado al hombre por Dios como tarea. Una persona joven, al entrar dentro de sí y a la vez al iniciar el coloquio con Cristo en la oración, desea casi leer aquel pensamiento eterno que Dios creador y padre tiene con ella. Entonces se convence de que la tarea que Dios le asigna es dejada completamente a su libertad y, al mismo tiempo, está determinada por diversas circunstancias de índole interior y exterior. La persona joven, muchacho o muchacha, examinando estas circunstancias, construye su proyecto de vida y a la vez reconoce este proyecto como la vocación a la que Dios la llama".[4]

Los jóvenes en pleno proceso de discernimiento vocacional a menudo leen este pasaje con maravilla y asombro. Se reconocen en esas preguntas de búsqueda, "¿Qué debo hacer? ¿Cuál es Tú plan para mi vida?" El Papa no está hablando aquí de cuestiones culturales amplias o

---

[4] Papa Juan Pablo II, Carta Apostólica a la Juventud del Mundo *Dilecti Amici* (31 de marzo de 1985), §9.

principios teológicos, sino que se une a sus propios viajes. El Papa entra en su camino y los jóvenes entran en su buen consejo. Mientras lo hacen, reconocen en sí mismos la desconexión entre el esfuerzo intrínseco por la acción y la opinión de que hacer la voluntad de Dios implica esperar a que Dios los dirija. Que Dios quiere que ellos construyan su plan de vida y lo conviertan en realidad en Su propia voluntad, sirve para minimizar la carga de esa falsa opinión y motivar el impulso de acción de la persona joven.

Cultivar un discernimiento efectivo implica despertar a los aprendices a la realidad de que ellos pueden literalmente "co-crear" su propia vocación personal. Los mentores efectivos pueden aprovechar la enseñanza presentada en la *Carta a la Juventud del Mundo* de San Juan Pablo II y otros similares para catalizar este tipo de iluminación. Por supuesto, esta enseñanza debe ser equilibrada por otros principios claves de discernimiento que también se abordan en el pasaje.

La propia vocación es una tarea depor vida para cada individuo, no simplemente un estado básico en la vida o un llamado general a la santidad. Dios tiene algo para que cada quien lo haga de una manera única. Para descubrirlo, los jóvenes deben estar en una relación cercana con Dios y buscar Sus deseos a través de una oración ferviente y atenta. Son libres en proporción a su dependencia de Él y de conformidad con Sus mandamientos. Buscan buenos consejos de padres, maestros y otros mentores. Exploran las "circunstancias exteriores" que incluyen especialmente las necesidades de los demás y los contextos históricos y sociales en los que se encuentran. Examinan las "circunstancias interiores", el enérgico impulso de sus patrones únicos de motivación y los talentos que emanan de ellos. Y luego, mientras continúan en oración, deciden un plan de acción y, en palabras de mi amigo sacerdote ellos "lo hacen".

Cuando se han tenido en cuenta todas estas claves para el discernimiento efectivo y todavía hay cierta incertidumbre por parte del aprendiz (siempre habrá, para la mayoría de la gente), entonces uno puede escuchar el consejo de Santa Juana de Arco: "Actúa, y Dios actuará".

7

MISIÓN

El empuje hacia el exterior de una vocación

Luke Burgis

"Mi alegría no será duradera a menos que sea la
alegría de todos. No pasaré por los campos de
batalla con una rosa en la mano".

–HENRI DE LUBAC–
Catolicismo

NO HAY GOZO en contemplarse y preocuparse
solamente por uno mismo. Pero en la cultura actual
de *mí*, incluso la vocación puede volverse autorreferencial.
Durante varios años, fui un profesional de discernimiento
vocacional de tiempo completo. Detrás de los muros de un
seminario, rezaba por algún tipo de confirmación de que
estaba llamado a ser sacerdote. Poco a poco, sin embargo,
la cuestión de mi vocación se convirtió en el centro de mi
universo. "¿Qué quiere Dios?", Me pregunté. Mientras tanto,
los mensajes de voz en mi teléfono se acumularon. Pensé

que *mi* vocación era (naturalmente) para mí: el plan para mi vida, el camino que seguiría, la forma en que encontraría la realización personal. Pero aprendí que una vocación no es un movimiento *desde, lejos, y adentro*. Es un movimiento *para, hacia y fuera*.

El gozo es el fruto del amor, y el amor es el fruto de la comunión. El Papa Benedicto XVI reflexionó sobre este aspecto social de la salvación en su encíclica *En esperanza fuimos salvados*. El pregunta: "¿cómo llegamos a esta interpretación de la 'salvación del alma' como una fuga de la responsabilidad por el todo?".

Esa fuga es opuesta a la salvación y también a la vocación. Una persona se salva respondiendo al llamado de Cristo con fe y viviendo su vida en respuesta a esa llamada; en otras palabras, viviendo su vocación, que lo une a Cristo de una manera singularmente personal. Entonces ¿Cómo podemos ser indiferentes a la vocación de nuestro hermano? Su misma salvación depende de eso. Nuestra alegría depende de eso.

El médico del ejército Desmond Doss, representado en la película de 2016 *Hacksaw Ridge*, (Hasta el último hombre) vivió heroicamente el aspecto misionero de su vocación. Durante una de las batallas más sangrientas de la Segunda Guerra Mundial, se negó incluso a portar un arma. Estaba armado solo con fe en Dios, una biblia de bolsillo y la convicción de que debería cumplir con sus deberes como médico sin quitar la vida de otros. (Doss era un Adventista del Séptimo Día con una interpretación estricta del quinto mandamiento, "No matarás"). Creía que su deber era servir a Dios y servir a su país, en ese orden.

Durante la Batalla de Okinawa, la compañía de soldados a la que pertenecía Doss estaba en la misión de tomar el territorio enemigo por encima de una imponente pared rocosa llamada Hacksaw Ridge. Miles de soldados japoneses los estaban esperando. Cuando Doss y su equipo llegaron a la cima de la colina, cayeron bajo una cortina de disparos de mortero y ametralladoras tan pesada que los japoneses lo llamaron la "lluvia de acero".

Cientos de tropas estadounidenses yacían heridas y moribundas. El cabo Doss se arrastró sobre el terreno rocoso de soldado a soldado, proporcionando primeros auxilios inmediatos.

En la ceremonia de premiación de la Medalla de Honor para Doss, el presidente Harry S. Truman dijo: "El cabo Doss se negó a buscar refugio y permaneció en el área barrida por el fuego con los muchos afectados, llevándolos uno por uno al borde del peñasco y allí los bajó en una litera sostenida con una cuerda por la pared de un acantilado hasta llegar a manos amistosas."[1] Cuando la batalla terminó, había rescatado cuando menos a setenta y cinco soldados. Doss era un hospital de campaña de un solo hombre.

El papa Francisco usó la imagen de un hospital de campaña para describir la dimensión misionera de la Iglesia. "prefiero una Iglesia accidentada, herida y manchada por salir a la calle, antes que una Iglesia enferma por el encierro y la comodidad de aferrarse a las propias seguridades". (EG §49).

---

[1] Vea el Consejo Desmond Doss, http://www.desmonddoss.com/medal-of-honor /.

El Papa piensa que una Iglesia que no sale al mundo se enferma de atrofia, como una persona que pasa un mes en reposo. Si la Iglesia sale a la calle, crece a través de encuentros y desafíos inesperados. Esa Iglesia se vuelve "anti-frágil".

El autor Nassim Nicholas Taleb, experto en riesgo, describe las cosas que mejoran bajo el estrés como anti-frágiles, que es lo opuesto a lo frágil. Algo es frágil si se debilita cuando está expuesto a golpes; algo es anti-frágil si prospera en la incertidumbre. "La anti-fragilidad tiene una propiedad singular de permitirnos tratar con lo desconocido, hacer cosas sin entenderlas y hacerlas bien", escribe Taleb.[2]

Las cosas anti-frágiles resisten la prueba del tiempo: evolución, cultura, ideas, sistemas políticos y buenas recetas (como el pan plano con aderezos, mejor conocido como pizza).[3] La naturaleza es anti-frágil por excelencia. También lo es la Iglesia y, necesariamente, nosotros también. "La sangre de los mártires es la semilla de la Iglesia", escribió el primer apologista cristiano Tertuliano (220DC). La historia es testigo de la anti-fragilidad de la Iglesia.

La autopreservación temerosa no es saludable para la Iglesia y para cada uno de sus miembros. Jesús les dijo a sus discípulos: "En verdad, en verdad les digo: si el grano de trigo no cae en tierra y muere, queda él solo; pero si muere da mucho fruto". (Juan 12:24). En nuestro trabajo de cultivar las vocaciones, tenemos que dar a los jóvenes la libertad de caer. Tenemos que alentarlos a arriesgarse por amor y

---

[2] Nassim Nicholas Taleb, *Antifragile: Things That Gain from Disorder (Incerto)* (New York: Random House, 2014), 4.

[3] Incluido en el libro de cocina de Apicus, antiguo escritor romano de recetas.

avanzar con valentía con la convicción de que aquellos que caminan con Cristo no solo son antifrágiles; ellos tienen la promesa de: "Mi gracia te basta, que mi fuerza se realiza en la flaqueza" (2 Cor 12, 9).

Mi amigo Michael me platicó recientemente acerca de un viaje que hizo con su hijo de diez años, Joey. Ellos fueron a esquiar a una pista avanzada de diamante negras por primera vez. Se paró en la cima de la montaña en Jackson Hole, Wyoming, y observó a su hijo navegar bajando de la montaña antes de desaparecer en una curva. Habían esquiado juntos las pistas azules y verdes cientos de veces, hablando de la mejor manera de girar, tomar pistas de esquí Mogol y las técnicas para detenerse perfectamente. Pero en ese momento, mientras veía a Joey desaparecer, Michael supo que Joey estaba esquiando él solo. Hundirse o nadar. Caerse o esquiar. Romperse una pierna o (con suerte) no. Joey necesitaba arriesgarse al fracaso para aprender cosas que nunca aprendería con la mano de su padre sobre su hombro.

Si no arriesgamos nada, arriesgamos todo. Vivir una vocación requiere enfrentar la incertidumbre y el peligro. Pero las vocaciones no se viven, ni siquiera se disciernen, con comodidad. Están forjadas en misión.

VOCACIÓN Y MISIÓN

"Dios llamó a Abraham y le ordenó que saliera del país donde vivía. Con este llamado Dios nos ha despertado a todos, y ahora hemos dejado la herencia".

–SAN JUSTINO MARTIR–

En el *exitus-reditus* de la historia de la salvación, o el envío y retorno de todas las cosas al Creador, la vocación y la misión se unen en un singular viaje de regreso al corazón del Padre.

Mi amigo Daniel recuerda a su padre meciéndose en una gran silla en el patio trasero de su granja al sur de Louisiana. Le daba tragos a una tibia soda de naranja y fumaba una pipa rellena de tabaco con sabor a mantequilla. Daniel y sus hermanos Mark y Marissa podían oler el dulce aroma de miel y vainilla del tabaco desde el final de su camino de entrada de casi cien metros. Alrededor de las siete todas las noche, su papá se levantaba de su mecedora y llamaba a sus hijos que estaban por los campos. "¡La cena está lista!" Tocaba una campana en caso de que los niños hubieran vagado más allá del alcance de su fuerte voz.

Cuando escuchaban la llamada, Daniel, Mark y Marissa tomaban sus propios caminos a casa. Cada camino tenía un terreno único para navegar. Daniel cruzaba el arroyo desde la otra orilla donde escarbaba para pescar cangrejos. Marissa saltaba del columpio y acompañaba a su amiga vecina a su casa antes de regresar a casa. Y el más joven, Mark, se bajaba del árbol en el que se encontraba y corría por el campo, evitando las montañas de arena. El primero en la puerta sacaba un pedazo de pan caliente directamente del horno. Había muchos caminos, pero una llamada.

Una vocación es el camino único que cada persona está llamada a viajar de regreso al Padre, que es la misión máxima de cada cristiano. Juan Pablo II escribió: "La formación de los fieles laicos tiene como objetivo fundamental el descubrimiento cada vez más claro de la propia vocación y la disponibilidad siempre mayor para vivirla en el cumplimiento de la propia misión"(CL §58). Sin duda, nuestra misión final es la de entrar a la vida eterna con Dios a través de la muerte.

Pero a lo largo de cada camino, hay misiones únicas que el viajero debe emprender para llegar al final del camino, para vivir su vocación y cumplir su misión. En *El Señor de los anillos*, la misión de Frodo Baggins es destruir el Anillo Único en los incendios del Monte del destino en Mordor. Esto es lo que debe hacer para vivir su vocación. Durante el viaje Frodo y sus ocho compañeros (la Comunidad del anillo, aquellos que caminan con él en su viaje), encuentra muchos obstáculos que deben vencer para cumplir la misión. Estas también son misiones. Existe una conexión íntima entre las misiones de una persona y su vocación, la forma en que regresa al Padre. El Papa Benedicto escribió, "El *exitus* (la salida) ... de hecho está ordenada hacia el *reditus* (el retorno)". Las misiones se ordenan para el regreso al Padre, que comienza con el llamado a seguir a Cristo: la misión primaria y fundamental de cada cristiano.

MISIÓN UNIVERSAL

Seguir a Cristo es, en sí mismo, una misión multidimensional. Todos los bautizados siguen a Cristo compartiendo las tres misiones que Cristo cumplió en su obra de salvación: sacerdotal, profética y del Reino.

Misión Sacerdotal. Como partícipes en su misión sacerdotal, los fieles laicos pueden ofrecer sus actividades diarias al

Padre para la santificación del mundo. Un informe legal bien redactado, la preparación de una cena familiar y el tiempo de estudio diligente de un alumno afectan la transformación del mundo en Cristo cuando se realizan en el Espíritu. Las actividades ordinarias no son triviales: son las bisagras sobre las cuales gira la santidad, la misión de cada persona para ofrecer sacrificios espirituales al Padre a través de Jesucristo.

Misión profética. A través de su participación en la misión profética de Cristo, los fieles están encargados con la misión de proclamar el Evangelio de palabra y obra en medio del mundo. Para llevar la verdad de Dios al mundo, la misión profética desafía a todos los fieles bautizados a buscar y compartir sinceramente la verdad con los demás, incluso cuando sea difícil.

Misión del Reino. Como participantes en la misión de Cristo Rey, los fieles están llamados a establecer firmemente su reino de amor en sus vidas, desplazando al reino del pecado y trabajando para establecer el reino de paz de Cristo a lo largo de la historia. La misión real incluye ordenar nuestras vidas y comunidades hacia la verdad. Una madre católica dirige a sus hijos hacia el cumplimiento de las vocaciones que Dios les ha dado, y un político católico gobierna una ciudad con una apreciación completa de la dimensión moral de su trabajo.

Sobre todo, escribe el Papa Juan Pablo II, "los fieles laicos están llamados de modo particular para dar de nuevo a la entera creación todo su valor originario". (CL § 14).

Están llamados a ingresar a la corriente del *reditus* y traer toda la creación consigo.

Estas misiones de Cristo se manifiestan de muchas maneras en las circunstancias de la vida diaria. Siguiendo sinceramente a Cristo, todas nuestras misiones "particulares" se revelan a sí mismas.

MISION PARTICULAR

Timothy Burke aprendió el significado de la misión al aceptar cientos de ellas a lo largo de su carrera de veintitrés años en el ejército de los Estados Unidos, veintiuna de esas en operaciones especiales. Tim sirvió durante muchos años con el Primer Comando (Delta Force), y se desplegó en cientos de misiones por todo el mundo como un guerrero de la Fuerza Delta, la Unidad de operaciones especiales de elite militar de los Estados Unidos. Él vivió los combates en Irak, Colombia y Haití.

Conocí a Tim a través de mi amigo y socio comercial David Jack, quien trabajó con Tim entrenando ejecutivos de empresas norteamericanas para ser líderes más efectivos. Hace unos años, los tres caminábamos por las calles del centro de Las Vegas por la noche para hablar sobre una nueva iniciativa para negocios. El centro de Las Vegas no es la parte más segura de la ciudad. Pero con Tim girando su cabeza de un lado a otro (él también es el diseñador del Curso Avanzado de Combate Urbano de las Fuerzas Especiales de los Estados Unidos), me sentí seguro.

Recientemente me volví a conectar con Tim para preguntarle sobre la importancia de las misiones y el papel que desempeñan en vivir una vocación. La vocación personal de Tim, que incluía su servicio en el ejército le obligó a completar muchas misiones para mantenerse fiel a su vocación. Y ahora, en su retiro, asume diferentes tipos de misiones. Aprecia lo que aprendió en su tiempo en combate y cómo esas misiones ayudaron a darle forma a la persona que es hoy. Hay al menos tres formas en que estar en misión ayuda a vivir una vocación.

Preparación

Una misión clara es a menudo la diferencia entre la vida y la muerte para un soldado. Si Tim entrara en territorio enemigo sin una misión claramente definida, no estaría preparado y no sabría qué hacer para ganar la batalla. Esto es especialmente cierto en la vida espiritual. Jesús les dijo a sus discípulos: "O ¿qué rey, antes de salir contra otro rey, no se sienta a deliberar si con diez mil puede salir al paso del que viene contra él con veinte mil?" (Lucas 14:31).

Tim describe la misión como algo que abarca todo. Cuando sabe en qué misión está, comienza a ver todo a través de la lente de esa misión para poder prepararse en consecuencia. Cuando hablé con él, Tim estaba preparándose para un nuevo show de sobrevivencia para la TV donde tendría que sobrevivir en una remota isla desierta en Indonesia durante sesenta días. "En todos los momentos de vigilia desde hace dos meses, he pensado en sobrevivir en un ambiente primitivo", me dijo. "El otro día, realizando la limpieza de huracanes, noté los arbustos, las bayas en los arbustos, las formas de las hojas y las formas, constantemente preguntándome: '¿Son comestibles?, ¿qué sé sobre esta planta?, ¿se puede usar para hacer un techo, una pared, un tazón o algún utensilio?'"

La última misión de Tim le dio una forma de interpretar sus experiencias diarias a la luz de su misión, incluso mientras ayudaba a los afectados del huracán Irma en Florida. Mientras que miles de personas estaban involucrados en los esfuerzos de alivio del huracán, Tim probablemente era el único que consideraba si ciertas plantas y sus hojas se podían comer para poder sobrevivir en una isla remota. Él asimiló la experiencia de una manera única que le permitió prepararse para una misión incluso en medio de otra.

En el libro de trabajo *Vida irrepetible*, hay ejercicios dirigidos a ayudar a los jóvenes a prepararse para una misión futura, incluso uno tan simple como "ir a la escuela mañana", comenzando con lo que están haciendo en este momento. La misión es abarcadora, como la vocación personal a la que sirve. La misión afecta a todo y en cada momento.

Enfoque

En el ejército, Tim usó una Lista de Tareas Esenciales para la Misión (METL por sus siglas en inglés) para determinar cómo se iba a entrenar para un próximo despliegue o misión. " Tener una misión me lleva a priorizar viciosamente", me dijo. "Se vuelve muy claro lo que es importante y urgente, y me da una perspectiva sobre lo que no es urgente o digno de mi atención". Es fundamental separar lo esencial de lo no esencial. La lista de tareas esenciales de la misión de Tim cuando se estaba preparando para ir a Irak comenzó con el reconocimiento de que necesitaba prepararse para el combate. Tim explica lo que eso significa.

1. Tendré que disparar mi arma.
2. Tendré que lanzar granadas.
3. Tendré que disparar cohetes que destruyen la armadura como un Karl Gustov.
4. Tendré que hacer comunicaciones con equipos sofisticados.
5. Tendré que tratar a los heridos.
6. Tendré que ordenar simultáneamente a mis tropas en el campo mientras hablo con los aviones que merodean en apoyo a nuestros movimientos tácticos.
7. Tendré que mantener mi liderazgo, profesionalismo y aplomo, y saber en todo momento que mis hombres me están observando, que están desarrollando su diálogo interior sobre cómo actuar en situaciones determinadas en función de mi comportamiento.

Este enfoque dio un sentido de dirección a la vida de Tim. Una misión no es un conjunto de instrucciones. Tiene vida propia y le da al líder un sentido claro de lo que debería estar haciendo en este momento.

Dios no quiere que todos se concentren en todo en todo momento, sino que cada persona se concentre en lo que le es dado para vivir su vocación. Hay una gran libertad en esto.

Acción-Orientada

La misión te inspira cuando está alineada con el impulso motivacional central de una persona. "La misión me fortalece", dijo Tim. "Estoy más inteligente, tengo un ingenio más rápido y soy más perceptivo y mucho más listo para participar. Estoy mucho más enfocado, lleno de energía, y con decisión". Este es el tipo de lenguaje que escuchamos regularmente en las historias de logros. Casi siempre son historias de personas que salen de sí mismas para cumplir una misión y hacer algo intrínsecamente bueno. Las historias revelan no solo un patrón de motivación, sino también un patrón de actividad misionera en la vida de una persona.

Para crear una cultura de vocación, debemos esforzarnos por ser biógrafos el uno del otro. "Descubrir la presencia de Dios en nuestras historias individuales. . . este es el gran punto de inflexión que transforma nuestra perspectiva meramente humana", escribió Juan Pablo II.[4]

Debemos escuchar atentamente a los demás y ayudarlos a distinguir las gracias que vemos en sus historias --Dios trabajando en sus vidas-- que tal vez nunca se hayan dado cuenta. Al hacer esto, los ayudamos a entrar en el arco narrativo de su historia. Los ayudamos a comprender su misión.

En una gran obra de literatura o cine, cada personaje tiene una misión, algo que realmente quieren es conducir la trama. No siempre es obvio. Pero a través del humo, si miras

---

[4] Papa Juan Pablo II, Mensaje en previsión de la XXXVIII Jornada Mundial de Oración por las Vocaciones, 25 de septiembre de 2000.

lo suficiente, ves que cada personaje actúa para lograr algún propósito. Por supuesto, estas misiones no siempre son buenas. Un personaje malvado tendrá una misión malvada. Sin embargo, en el drama de la historia de la salvación de Dios, la misión de cada persona es fundamentalmente buena e inseparable de su vocación. Si miramos y escuchamos de cerca la acción que está impulsando su plan, podemos ayudarlos a descubrir esta misión dada por Dios.

El axioma aristotélico-tomista, *Agere sequitur esse* ("La acción sigue al ser"), que es la base a nuestro enfoque biográfico, significa que las acciones de una persona revelan y determinan quién es él. Nos convertimos en lo que hacemos, y hacemos lo que nos hemos convertido. Si quieres entender quién es una persona, no te centres en lo que dicen. Enfócate en lo que hacen.

Tim resumió esta conexión entre la naturaleza orientada a la acción de la misión y su efecto sobre una persona: "La misión no es algo que haces, es alguien en quien te conviertes". Una vocación es una llamada de llegar a ser quién eres a través de las acciones que emprendes para cumplir tu misión.

DISCÍPULOS MISIONEROS

"Todo cristiano es misionero en la medida en que
ha encontrado el amor de Dios en Cristo Jesús: ya
no decimos que somos 'discípulos' y 'misioneros',
sino que somos siempre 'discípulos misioneros'".

– PAPA FRANCISCO–
Evangelii Gaudium

La importancia de elaborar una declaración de la misión es fundamental para las escuelas de negocios. Se han escrito libros completos sobre cómo elaborar la declaración perfecta. Pasé parte de mi vida después de graduado leyendo esos libros. "Haz tu declaración de la misión en menos de diez palabras", "hazla mensurable" y "hazla audaz" son algunos de los consejos comunes. Empecé cuatro compañías antes de darme cuenta de que están equivocados.

El papa Francisco, en una reunión de jóvenes sobre la vocación, les dijo a los asistentes que repitieran frecuentemente que "estoy en una misión" y no simplemente que "tengo una misión". Las misiones no son declaraciones. Son realidades vividas. No podemos saber cuál es nuestra misión hasta que hayamos dado el primer paso. En otras palabras, no podemos conocer nuestra misión hasta que ya estemos en ella. Nuestro trabajo es identificarla, y eso no es algo que podamos hacer solos.

En mi experiencia como emprendedor, las empresas no comienzan con una declaración de misión. Comienzan respondiendo a una necesidad. Más tarde, después de que los fundadores y los miembros del equipo reflexionen sobre lo que están haciendo, pueden articular una misión basada en el significado que encuentran en lo que están haciendo y en su máximo valor humano. La organización prospera si cada uno de sus miembros hace que la misión de la organización sea personal, descubriendo su rol único dentro de la misión de la organización.

En la Iglesia, cada miembro del Cuerpo de Cristo participa en Su misión única de salvación. Al aceptar las misiones de la vida cotidiana ordinaria (Madeleine Delbrêl las llamó "superiores fieles" a los que debemos obedecer), comienza a formarse una imagen de cómo cada persona está llamada a contribuir a la obra de salvación de Cristo, lo que significa santificar la pequeña pieza del mundo que les ha sido confiado. Algunas personas transformarán una cocina en un lugar de comunión. Otros mirarán una pila de ladrillos y glorificarán a Dios. "Una pila de roca deja de ser una pila de roca en el momento en que un solo hombre la contempla, llevando dentro de él la imagen de una catedral", escribió Antoine de Saint-Exupéry.[5]

San Ignacio, el maestro del discernimiento, no plantea la cuestión de la vocación de manera abstracta. Él no pregunta: "¿Tengo vocación?" El pregunta: "¿Qué debo hacer yo hoy mismo?" Centrándome en las cosas concretas que Dios nos llama a hacer aquí y ahora, nuestras pequeñas misiones, ganamos una comprensión más profunda de nuestra vocación personal.

Si un niño tiene alguna ansiedad sobre cuál es su misión en el mundo, debe comenzar por hacer su cama. Después él debería limpiar su habitación. Las cosas pequeñas son las cosas de las que está hecha la vida espiritual, y cada viaje comienza con un primer paso. "¡Bien, siervo bueno y fiel!; en lo poco has sido fiel, al frente de lo mucho te pondré; entra en el gozo de tu señor." (Mt 25:23).

La atención a las cosas pequeñas trae discernimiento de lo abstracto a la realidad concreta de la vida cotidiana.

Los jóvenes tienen cientos de oportunidades para

---

5   Antoine de Saint-Exupéry, *Flight to Arras* (Boston: Mariner Books, 1969), 129

ejercitar un espíritu de discernimiento. Pero para que eso suceda con éxito, también debe haber tiempo para la recolección (literalmente, una recopilación de las piezas de experiencias en un todo unificado). Por cada salida, debe haber una entrada.

Los discípulos misioneros se forman cuando hay una misión (enviar) y un discipulado o apostolado (estar con el Señor). El evangelista Lucas escribe: "Señor, hasta los demonios se nos someten en tu nombre" (Lucas 10:17). Los discípulos fueron enviados a una misión, pero regresaron a los pies del Maestro. Al igual que la sangre con un corazón que funciona bien, un discípulo misionero sale y regresa. Ambos son esenciales. Medimos la presión arterial sistólica y diastólica. ¿Qué hay de nuestros impulsos misioneros sistólicos y diastólicos?

Cultivar vocaciones debe involucrar ambas direcciones. Hasta ahora, parece que el discernimiento tiende hacia uno u otro extremo. Por un lado, los jóvenes cristianos a menudo entran en un "período de discernimiento" y se centran en discernir su vocación de una manera que rápidamente se convierte en autorreferencial si no va acompañada de un movimiento exterior. Por otro lado, miles de graduados de bachillerato van a otros países para enseñar inglés o perforar pozos en África sin haber aprendido a desarrollar la reflexión interna necesaria para darle sentido a todas sus experiencias ante Dios. Necesitamos darles a los jóvenes la oportunidad de involucrarse en ambos aspectos del apostolado misionero.

Un año de misión

"Sueño con una opción misionera", escribió el Papa Francisco, "es decir, un impulso misionero capaz de transformar todo". Soñamos con una forma muy específica de dar a cada joven una "opción misionera": una oportunidad de un año de misión para cada muchacho graduado de preparatoria.

En el mundo secular, "Gap Year" (año sabático) se ha vuelto extremadamente popular. Muchos estudiantes toman un año entre la escuela preparatoria y la universidad para viajar, trabajar o participar en actividades caritativas. La inmensa mayoría de ellos informa que su Gap Year es una experiencia positiva que les cambia la vida. Aun así, a menudo no hay manera de que ellos sepan cómo dar sentido a todo y hacia dónde ir desde allí. Amy Peterson, autora de *Dangerous Territory: My Misguided Quest to Save the World, (Territorio peligroso: Mi misión equivocada para salvar el mundo)*, cuenta la historia de su viaje misionero a una tierra extranjera sola y sin guía. Somos los guías en los que nuestros muchachos confían.

Nosotros nos imaginamos un año de misión imbuido de un espíritu de discernimiento y una serie de experiencias misioneras en nuestros pueblos y comunidades locales: prácticas profesionales, trabajos y voluntariado en una variedad de circunstancias adaptadas a cada persona. Ayudaría a los jóvenes a adquirir habilidades básicas de discernimiento, a comprender sus dones y carismas, a aprender cómo vivir en comunidad y a dar un paso atrás respecto del ritmo frenético del sistema educativo del que la mayoría de ellos han estado inmersos desde los cinco años.

Lo que es más importante, ayudaría a cada uno de ellos a descubrir, abrazar y vivir su vocación personal única.

Los jóvenes se gradúan de la escuela preparatoria y toman importantes decisiones de vida: universidad, curso de estudio, trayectoria profesional y matrimonio, sin haber aprendido hábitos básicos de discernimiento. En la Iglesia Católica, la mayoría de los seminaristas pasan de seis a nueve años de formación rodeados de sacerdotes y compañeros que los apoyan, mientras que a los laicos se les espera a menudo que se las arreglen solos en su proceso de discernimiento. Un año de acción orientada a los servicios y al discernimiento espiritual guiado daría a los jóvenes un tesoro de habilidades de las que pueden inspirarse por el resto de sus vidas.

El año de misión podría organizarse a nivel de iglesia, diocesano o comunitario e incluir una variedad de experiencias activas -trabajo, voluntariado y recreación- adaptadas a cada individuo en función de su diseño motivacional e intereses únicos. Esas actividades se complementarían con un estudio independiente y en grupo de temas relevantes, entrenamiento vocacional, grupos de apoyo entre padres y dirección espiritual. Por ejemplo, podría haber un trabajo o voluntariado de medio tiempo en un área de interés (y motivación) de lunes a miércoles, reuniones de compañeros y estudio el jueves, oración y dirección espiritual el viernes, recreación y servicio con otros miembros del programa el sábado, y el domingo dedicado a la Misa, a adoración y al descanso.

Juan Pablo II escribió a padres, maestros y educadores cristianos sobre la importancia de su papel como cultivadores de la vocación personal: "Su tarea es guiar a las jóvenes generaciones hacia el descubrimiento del plan de Dios para cada uno de ellos, cultivando en ellos la preparación, cuando Dios los llama, para convertir sus vidas en un regalo para esa misión".[6] El año de misión sería un lugar privilegiado para trabajar juntos hacia ese fin.

Como un programa orientado a los servicios, el año de misión ayudaría a los jóvenes a responder la pregunta: "¿para qué sirve mi vida?", y también "¿para quién es mi vida?"

TERRITORIO MISIONERO

"La misión de Teresita de Lisieux cubrió solo unos pocos metros cuadrados, para enseñarnos que la efectividad de una misión no siempre se puede medir con las manecillas de un reloj, que las acciones no siempre son visibles, que las misiones que cubren grandes distancias serán unidas a las misiones que penetran directamente en la profundidad de las multitudes de la humanidad".

–MADELEINE DELBRÊL–
La ciudad marxista como territorio de la misión

Cada persona, única e irrepetible, es el camino para la Iglesia. Como misioneros de la vocación, no somos principalmente misioneros "a las naciones", a las industrias o a las escuelas. Somos misioneros para las personas

---

[6] Dirección en anticipación a la Jornada Mundial de Oración por las Vocaciones.

El mundo necesita desesperadamente misioneros que estén dispuestos a entrar en el territorio de la misión de la vida de cada persona. La persona humana, como centro de civilización y cultura y para quien la civilización y cultura existen, es siempre el territorio de misión principal. Esta es una de las formas más difíciles de trabajo misionero que existe porque, desde el primer momento de nuestras vidas, somos el centro de nuestra propia existencia. Pensamos, sentimos y experimentamos las cosas desde una perspectiva en primera persona. Incluso un misionero que va a la al otro lado del mundo puede hacerlo sin dejar nunca la comodidad de su pequeño mundo.

"El espíritu misionero no es solo territorio geográfico", dijo el papa Francisco en el Día Mundial de las Misiones 2013," sino es sobre pueblos, culturas y personas, porque los 'límites' de la fe no solo atraviesan lugares y tradiciones humanas, sino el corazón de cada hombre y cada mujer".

Aleksandr Solzhenitsyn, autor de *El Archipiélago Gulag*, aprendió sobre el territorio misionero del corazón en los campos de trabajo forzado de Siberia: "¡Si todo fuera tan simple! Si tan solo hubiera personas malvadas en algún lugar insidiosamente cometiendo actos malvados, solo era necesario separarlos del resto de nosotros y destruirlos. Pero la línea que divide el bien y el mal corta el corazón de cada ser humano".[7]

El territorio misionero principal es el corazón de cada ser humano. En nuestro viaje misionero, no podemos temer

---

[7] Aleksandr Solzhenitsyn, *The Gulag Archipelago* (New York: Collins & Harvill Press, 1973), 168.

cruzar los límites, las líneas divisorias en lo profundo de nuestros corazones. Las conversiones no están completas hasta que la persona se transforma completamente. C. S. Lewis solía decir que G. K. Chesterton bautizó su intelecto, y los escritos de George MacDonald bautizaron su imaginación. Fue transformado gradualmente hasta que la luz de Cristo impregnó toda su existencia, incluido su corazón.

Es difícil ser un misionero para otros porque estamos tratando con realidades invisibles que solo se vuelven visibles de vez en cuando. El territorio de la vida de una persona no es un libro abierto. Te llevas bien con un nuevo amigo. Te encuentras semanalmente para tomar un café, practican deportes juntos, y se reúnen en ocasiones especiales. Un día, sin embargo, hablas de política por primera vez. Durante la conversación, su cara se pone colorada, te grita en la cara y se va. Ese es un territorio inexplorado.

Imagina si tuvieras un mapa de la vida interior de cada persona que conoces. Descubrirías rápidamente que hay ciertos territorios del mapa en los que cada persona pasa la mayor parte del tiempo. Habría otras partes del mapa, como países extranjeros, a los que muy difícilmente habrás viajado. Y habría otras partes del mapa que simplemente están oscurecidas, con un gran cartel rojo que dice "Zona Prohibida".

Para ser un misionero de las personas, tenemos que estar dispuestos a explorar la mayor cantidad de mapas de otras personas que estén dispuestos a permitirnos explorar, incluso hasta los límites, o periferias, de su territorio visible. A lo largo de la historia, las periferias han sido el lugar preferido de Dios para trabajar.

En sus exhortaciones misioneras, el papa Francisco a

menudo habla de "salir a la periferia". La palabra "periferia" proviene de la palabra griega *periphéreia*, que significa "circunferencia". En geometría, las periferias son los límites externos de un círculo. En el Modelo Dinámico de la Vocación, el "movimiento circular de la vocación" está representado por un círculo porque muestra el empuje hacia el exterior de la vocación desde nuestro único núcleo de motivación hacia afuera, hacia las periferias, donde nos encontramos no solo con las personas a quien el Señor nos envía como misioneros, pero también a nuestra identidad más profunda en Cristo.

Cristo mismo nos guía en el movimiento hacia el exterior (literalmente, *éxtasis*) a las periferias de la existencia humana donde encontramos dolor, malentendidos, miedo, soledad y fracaso. Cuando llegamos a las periferias, descubrimos que hemos estado viajando por el camino circular de la vocación. Al igual que el hombre que salió de su pueblo y trepó por la montaña, llegamos al final de nuestro viaje y miramos hacia el lugar donde nos pusimos en camino y vemos que es donde queríamos estar siempre: en la casa del Padre

El papa San Juan Pablo II resumió la gran promesa de ser un misionero: "Jesucristo es el camino principal de la Iglesia. Él mismo es nuestro camino "hacia la casa del Padre" y es también el camino hacia cada hombre. En este camino que conduce de Cristo al hombre, en este camino por el que Cristo se une a todo hombre, la Iglesia no puede ser detenida por nadie." (RH §13).

Quien camina por el camino de Cristo está en un camino que conduce a cada persona. Al final de su viaje, cuando llegue a la casa del Padre, será recibido por una gran multitud de personas con las que ha caminado en varios tramos del camino.

Su alegría es completa.

EPÍLOGO

Una oración por la vocación personal

"Simón Pedro les dice: 'Voy a pescar'. Le contestan
ellos: 'También nosotros vamos contigo'".

–JUAN 21: 3–

CADA NOCHE, los pescadores en el pequeño pueblo
de Cetara, Italia, salen a su misión. Su misión es atrapar
anchoas.

Cetara es país de pescadores. Han estado pescando
allí durante miles de años (algunos dicen que el nombre
proviene del latín *cetari*, "pescaderos"). Todos en la ciudad
de 2,300 son pescadores o están emparentados con uno.

Las manos de los viejos que juegan a las cartas en las
calles llevan las marcas de décadas de pesca en el Golfo
de Salerno, puños que han aferrado redes y flotadores con
anzuelos y han mantenido entre sus dedos miles de peces
retorcidos y helados.

Los pescadores salen del puerto de Cetara alrededor de
las ocho de la noche y permanecen afuera todo el tiempo
que lo necesiten para atrapar su cargamento durante la

noche. Por lo general, son las dos o las tres de la mañana antes de que regresen a la orilla, con los ojos cansados de la luz resplandeciente que encienden sobre el agua toda la noche para atraer a las anchoas a la superficie.

Cada pescador tiene un papel único que jugar. Por supuesto, está el capitán. Otro hombre se embarca en un barco más pequeño para explorar los bancos de anchoas y vigilar el perímetro de la gran red. Los hombres más fuertes usan trajes de lluvia y vacían los miles de anchoas de la red en grandes hieleras. A medida que regresan a la costa, todos trabajan juntos, arreglando las anchoas en cajas de espuma de poliestireno más pequeñas para vender, y separando la captura incidental (peces capturados involuntariamente) como sardinas y calamar rojo. Por lo general, uno de los familiares del pescador se acerca al muelle cuando llegan a la costa alrededor de las cuatro o cinco de la mañana con un camión refrigerado para transportar la pesca al mercado.

Las anchoas son el orgullo de Cetara y algunas de las mejores del mundo. Cómelas al *sotto sale* (bajo sal), *sott'olio* (bajo el aceite), fritos, o de cualquier otra manera que puedas o no puedas imaginar. Rocíe un poco de *colatura di alici,* una antigua salsa de pescado hecha de las más pequeñas anchoas, en su pasta.

En la iglesia de San Pedro, escondida en una pequeña plaza cerca del puerto de Cetara, hay una oración en un marco sencillo sobre un altar lateral. Su autor es anónimo. La mayoría de los pescadores, sin embargo, probablemente la saben de memoria, incluso si nunca han visto la oración en sus vidas. Ellos la han vivido.

Es la oración de su vocación. Es la oración que se eleva

naturalmente a los labios de cualquiera que haya pasado seis horas por noche en un pequeño bote en el mar Tirreno atrapando anchoas durante los últimos treinta años.

Me imagino que fue la oración de San Pedro mientras estaba sentado en su bote en el Mar de Galilea. Un pescador.

En algún lugar del mundo, debe haber una oración del carnicero, una oración del mecánico de motocicleta, una oración del político. Miles de oraciones.

Pero eso no es suficiente. Hay aún más. Debe haber aproximadamente 7,484,325,476. ¿Cuántos rezarán?

¿Cuántos los oirán?

Oración del pescador

Al anochecer, nosotros, hombres del mar, aclama-
mos hacia Ti, Señor, por la intercesión de San
Pedro, patrón de Cetara, nuestra oración y
nuestros corazones: los vivos, en los barcos, y
los muertos en las profundidades del mar
Concede que las noches pasen serenamente para
aquellos que trabajan vigilando,
y aquellos que están cansados pueden encontrar
descanso.
Concede que cada marinero, antes de dormir, sea
marcado con Tu signo, en Tu amor, en Tu
Perdón y en la paz fraterna.
Concede que cada bote mantenga su curso, y cada
marinero mantenga su fe.
Comanda que el viento y las olas no prueben
nuestros barcos, y que el mal no tiente nuestros
corazones.
Consuela nuestra soledad con la memoria de
aquellos queridos por nosotros, nuestra
melancolía con la esperanza del mañana,
nuestras ansiedades con la garantía de un
retorno seguro.
Bendice a las familias que dejamos en la orilla;
Bendice a nuestra patria y a la patria de todos los

marineros,

Para que el mar nos una y no nos divida;

Bendice a los que trabajan en el mar para ganar su
pan de cada día;

Bendice a los que descansan en las profundidades
del mar que esperan tu luz y Tu perdón.

A ti, oh María, refulgente Estrella del Mar, tú que
eres nuestra luz,
nuestro faro, la guía segura que dirigirá nuestros
corazones afligidos
al puerto seguro de la salvación en Cristo, tu
Hijo, que vive y reina con Dios el Padre en la
unidad del
Espíritu Santo, por los siglos de los siglos.
Amén.

Oración para abrazar la vocación personal

Padre de misericordia,
Llamaste a cada criatura a ser,
y continúas llamándolos a ti mismo a través de tu
Hijo, Jesucristo.
Llamas a cada persona de una manera especial
desde el primer momento de existencia a una
vocación irrepetible.
Para ser sacerdote, profeta y rey de toda la creación, a una misión personal que solo él o ella
puede cumplir, para compartir la vida contigo
por toda la eternidad.
Señor, te suplicamos que nos concedas las gracias
que necesitamos para descubrir, abrazar y
vivir continuamente nuestras vocaciones
personales únicas.
Mientras vivimos nuestras vocaciones, concédenos
la gracia de ayudar a otros a vivir sus llamadas
como vivimos las nuestras, para que la Iglesia
sea un lugar donde todas las personas puedan
florecer de acuerdo con su vocación personal
única en el mundo.

Cuando dudemos, aumenta nuestra fe en Tu
amoroso diseño,

Cuando estemos cansados, fortalécenos con la
esperanza del cielo,

Cuando fallemos en responderte plenamente, ten
piedad de nosotros y llámanos de nuevo, para
que, llenos de un deseo santo que supere todos
los anhelos humanos,

podamos responder con toda nuestra mente,
con toda nuestra fuerza y con todo nuestro
corazón, a Tu amor eterno, para que cada uno
de nosotros llegue a ser lo que somos.

Te lo pedimos por tu Hijo, Jesucristo, que vive
y reina contigo en la unidad del Espíritu
Santo por los siglos de los siglos. Amén

APÉNDICE I

Acerca de Inscape y sus Cofundadores

Luke Burgis y Joshua Miller

Cuando teníamos veinte y tantos años la fe católica nos atrajo completamente. Joshua se convirtió en 1998 después de ser un misionero provida y Luke abrazó la fe en medio de una exitosa carrera empresarial. La enseñanza católica sobre la vocación personal ha estado especialmente cerca de nuestros corazones debido a su énfasis en la dignidad y el florecimiento completo de cada ser humano. Ha sido una parte importante del trabajo de Joshua como asesor y consultor. Luke incluyó un fuerte énfasis en esta enseñanza cuando fundó ActivPrayer, una empresa dedicada a la aptitud física de acuerdo con el diseño único de cada persona.

Poco después de nuestras respectivas conversiones, contemplamos las instrucciones de San Juan Pablo II de que "cada iniciativa en tanto sirve a la verdadera renovación de la Iglesia, y en tanto contribuye a aportar la auténtica luz que es Cristo,

en cuanto se basa en el adecuado conocimiento de la vocación y de la responsabilidad por esta gracia singular, única e
irrepetible, mediante la cual todo cristiano en la comunidad
del Pueblo de Dios construye el Cuerpo de Cristo". (RH §21),
y que "esta vocación y misión personal define la dignidad y
la responsabilidad de cada fiel laico y constituye el punto de
apoyo de toda la obra formativa". (CL §58). ¡Estas son palabras
fuertes y deben tomarse muy en serio!

Pero a medida que nuestra experiencia en el ritmo
diario de la vida católica continuó, comenzamos a reconocer una realidad preocupante sobre la aplicación práctica
de la enseñanza de la Iglesia sobre la vocación personal.
Desde el punto de vista de Luke como seminarista (durante
el tiempo en que discernió su vocación de emprendedor)
y desde la perspectiva de Joshua como un hombre casado
y padre inmerso en la vida parroquial, llegamos a ver que:

- La mayoría de las discusiones hoy en día dentro de la
  Iglesia sobre la vocación se refieren al sacerdocio y
  la vida religiosa o, en menor medida, a la importancia de vocaciones fuertes para el matrimonio.
- La idea misma de la vocación personal sigue siendo
  un concepto desconocido o periférico para muchos
  católicos.
- Millones de jóvenes católicos se gradúan de la escuela
  preparatoria y la universidad sin haber tenido discusiones serias sobre la vocación en general, y con poca
  o ninguna formación en su propia vocación personal.

Este es un estado lamentable porque la renovación de la Iglesia y la transformación del mundo no pueden lograrse sin un fuerte énfasis en la vocación personal.

A la luz de esta situación, formamos Inscape, una organización dedicada con la visión de que *cada persona conozca, abrace y viva al máximo su vocación personal única.*

A medida que nuestra historia se desarrolla, esperamos convertirla en parte de tu historia. . . y la historia de la Iglesia

Para obtener más información, visítanos en:

inscapevocations.com.

APÉNDICE II

RECURSOS PARA EL ENTRENAMIENTO

Sacando a relucir y escuchando con empatía las historias de otros, especialmente de actividades auténticamente satisfactorias, es fundamental para cultivar la vocación personal. Este proceso está en el corazón de nuestra evaluación y recursos de capacitación.

Entrenamiento de mentores vocacionales

Un programa de capacitación de ocho horas que prepara a los participantes para aprender los principios básicos de la mentoría vocacional personal: hacer preguntas poderosas, escuchar con empatía y ayudar a los jóvenes a abrazar sus llamados únicos.

APÉNDICE II

Vida irrepetible:
Un programa de ocho semanas que ayuda a los jóvenes a identificar, abrazar y vivir al máximo sus vocaciones únicas.

En este programa de ocho semanas, los jóvenes descubren: (1) Su patrón básico de motivaciones centrales o una forma única de amar; (2) Los tipos de servicio a Dios y al prójimo que ellos han sido diseñados para dar; (3) Principios clave del discernimiento vocacional para la aplicación de por vida. El programa incluye libros de trabajo para estudiantes, así como una guía para los instructores y otros recursos de enseñanza.

Se puede encontrar información adicional sobre todos estos recursos en inscapevocations.com o enviándonos un correo electrónico a coreteam@inscapevocations.com.

APÉNDICE III

Recursos adicionales sobre la vocación personal

La siguiente lista se limita a unos pocos títulos que hemos encontrado especialmente útiles para sacar a la luz la realidad de la vocación personal y los medios prácticos para discernirla.

Sobre la vocación personal

Sobre la vocación y la misión de los fieles laicos en la Iglesia y en el mundo (Christifideles Laici), papa San Juan Pablo II, 30 de diciembre de 1988.

Esencial para entender la enseñanza de la Iglesia sobre la vocación de los laicos en general y que el punto focal y el principal objetivo de la formación debe ser "el descubrimiento cada vez más claro de la propia vocación y la disponibilidad siempre mayor para vivirla en el cumplimiento de la propia misión". (CL §58).

Personal Vocation: God Calls Everyone By Name, (Vocación personal: Dios llama a todos por su nombre) Germain Grisez and Russell Shaw, Our Sunday Visitor, 2003.

Este libro es una apología de la vocación personal. Los autores trazan su desarrollo histórico comenzando con el llamado de Dios a personas específicas en la Sagrada Escritura a través de los documentos del Vaticano II, específicamente aquellos relacionados con la vocación laica, y concluyendo con el pleno desarrollo de la vocación personal en la enseñanza del papa San Juan Pablo II. Argumentan que la vocación personal es ampliamente descuidada y debe ser revitalizada como una parte fundamental de la nueva evangelización.

The Personal Vocation: Transformation in Depth Through the Spiritual Exercises, (La vocación personal: Transformación en profundidad a través de los ejercicios espirituales) Herbert Alphonso S.J., Gregorian and Biblical Press, 2006.

P. Alfonso describe bellamente cómo la vocación personal es el medio central de la intimidad con Dios y que el examen diario particular en el corazón de la espiritualidad jesuita es esencialmente una referencia a la vocación personal.

El Redentor del Hombre (Redemptor Hominis) Papa San Juan Pablo II, 1979.

En esta primera encíclica de su pontificado, el papa San Juan Pablo II, enseña que la vocación personal es clave para la auténtica renovación en la Iglesia y que cada persona única "es el camino primario y fundamental" para la Iglesia.

Sobre el discernimiento de la vocación personal

Discerning the Will of God: An Ignatian Guide to Christian Decision Making, (Discerniendo la voluntad de Dios: una guía ignaciana para la toma de decisiones cristiana) Fr. Timothy Gallagher O.M.V., Crossroad Publishing Company, 2009.

El enfoque de San Ignacio para discernir la voluntad de Dios enfatiza el valor de la atención a los auténticos deseos del corazón. Dado que el diseño motivacional único es esencialmente un impulso del corazón, existe una estrecha alineación entre la comprensión de las motivaciones y el discernimiento ignaciano que se explica de forma clara y sencilla en este excelente libro.

Let Your Life Speak: Listening for the Voice of Vocation, (Deje que su vida hable: escuchando la voz de la vocación), Parker Palmer, Jossey-Bass, 2000.

Parker es uno de los pocos autores que reconocen que Dios le da a cada persona patrones únicos de comportamiento y que el discernimiento de la vocación debe incluir escuchar cómo estos patrones hablan a través de nuestras historias de vida.

The Stories We Live: Finding God's Calling All Around Us (Las Historias que vivimos: Encontrar el llamado de Dios a nuestro alrededor), Kathleen Cahalan, Eerdmans, 2017.

Cahalan arroja luz sobre la naturaleza dinámica y cotidiana de la vocación personal. En lugar de pensar en términos estáticos como un nombre, Cahalan muestra cómo podemos entender fructíferamente nuestra propia vocación a través de la gramática de las preposiciones. La vocación se trata de ser llamados *por* Dios, *a* seguirlo, *como* yo soy, *desde* la pérdida, *para* servicio, *en* el sufrimiento, *a través* de otros y *dentro* de Dios.

What Does God Want? A Practical Guide to Making Decisions, *(¿Qué quiere Dios? Una guía práctica para tomar decisiones)* p. Michael Scanlan, Franciscan University Press, 1996.

Este libro altamente práctico está escrito principalmente para aquellos que buscan ayuda para descifrar la voluntad de Dios para todo tipo de decisiones, tanto pequeñas como grandes. El P. Scanlan proporciona cinco criterios para garantizar que las decisiones de uno estén en conformidad con la voluntad de Dios.

Acerca del diseño motivacional único

The Power of Uniqueness: How to Become Who You Really Are, *(El poder de la unicidad: Cómo convertirse en lo que realmente eres)*, Arthur F. Miller, Jr. con William Hendricks, Zondervan, 1999.

Este libro es un tratado completo de los fenómenos, descubiertos por Miller, que la narración de una persona de una acción auténticamente satisfactoria revela un patrón distintivo de comportamiento motivado.

NOTA DEL TRADUCTOR

Durante mi vida he tenido la oportunidad de conocer a varios autores y conferencistas, los que más me han impactado son aquellos que son congruentes en sus vidas tanto "arriba como abajo del escenario". Hace unos 5 años tuve el honor de conocer realmente al Dr. Joshua Miller "abajo del escenario". En esa ocasión yo estaba de visita en su casa y él estaba hablando a un grupo de jóvenes católicos, entre ellos algunos de mis hijos, sobre el regalo que son cada uno de ellos y que cada persona está llamada por Dios a una vocación especial. ¡El Dr. Miller, junto con su hermosa familia, viven lo que predican! Mi hijo mayor ya por graduarse de la Universidad Franciscana ha tenido la oportunidad de conocer personalmente a Luke Burges que ha sido un gran ejemplo de guía, y de liderazgo empresarial.

Le agradezco a Chris Erickson del St Paul Center por haberme invitado a ser parte de este proyecto de traducir este bellísimo libro que estoy segura podrá ayudar a mentores y jóvenes (y no tan jóvenes) a reconocer su dignidad, sus habilidades y a hacer florecer ese regalo que tiene cada uno y que podemos dar a los demás. Como dicen los autores: "Dios tiene algo para que cada quien lo haga de una manera única".

Desde pequeña creciendo en una devota familia católica en México, rodeada de mucho amor, llegué a apreciar que mi vida era un regalo de Dios. Me di cuenta de ese yo personal. Me vino a la mente algo que llamé la "teoría de que yo-soy-yo", pero al mismo tiempo me di cuenta de que cada persona podía decir al mismo tiempo: "yo-soy-yo". Cada uno con dones personales. Observaba que algunas personas tenían más facilidad para el arte, mientras que otras para la gimnasia, pero al final todos somos un regalo para la humanidad.

Leyendo la Biblia me encontré que: "Los hijos son un regalo del Señor, el fruto del vientre es una recompensa; como flechas en la mano de un guerrero son los hijos de la juventud" (Sal 127:3-4).[1]

Además, el pasaje de Jeremías: "Antes de haberte formado yo en el vientre, te conocía, y antes que nacieras, te tenía consagrado: yo profeta de las naciones te constituí". (Jer 1:4-5)

¡Entonces cada persona ES un regalo y cada persona TIENE un regalo o misión que dar a la humanidad!

Este bello libro podrá guiar a los mentores a ayudar a los jóvenes a reconocer esa dignidad que el Padre Celestial nos ha otorgado a cada uno de nosotros.

Solemnidad de Cristo Rey ¡Viva Cristo Rey!

Mariely Madero de Gessler

Noviembre 25, 2018

---

[1] (El libro del Pueblo de Dios http://www.lasantabiblia.com.ar/salmos/127.html)